文庫

新宿駅最後の小さなお店ベルク

個人店が生き残るには?

井野朋也

筑摩書房

四六時中物事を良好な状態に保つために費やされるエネルギーは、真の活力である。
山を動かす技術があるところでは、山を動かす信仰は要らない。

エリック・ホッファー（波止場の哲学者）

まえがき　日本一の立地にあるインディペンデントな飲食店

ＪＲ新宿駅東口の改札を出てすぐ左、徒歩一五秒のところに私たちのお店ベルクはあります。

有料トイレの横、大勢の人が一目散に歩く連絡通路からやや奥まったところにあるので、探すと意外と見つけにくい。

現在、毎日平均して一五〇〇人ほどのお客様が、たった一五坪のきゅうくつな店内めがけてコーヒーや生ビールを一杯ひっかけに、ホットドッグやおつまみを楽しみに押しかけます。

もともと、私の父が一九七〇年にここで「ベルク」という店名で純喫茶を始めましたが、新宿駅という大ターミナルでのサバイバル競争が次第に激化し、私の代で思い切って低価格高回転のファーストフードに業態変更しました。

うちのような**無名の個人店**がまわりの大手チェーン店と張り合うには、結局、飲食店としてのまっとうなサービス（早い、安い、うまい）を極めるしかありませんでした。また、大手にはない心づかいや店のポリシーといったものが求められたのです。

ファーストフードでセルフサービス、しかも安い、となると、どこか殺伐としたイメージが思い浮かぶかもしれません。確かに場所柄、たくさんの雑多な人たちであふれかえっていますが、「なぜかほっとする」「新宿のエネルギッシュでアナーキーな雰囲気が漂っている」というお客様の声もよく耳にします。

業者さんたちからも、これだけ客層の幅広い店はベルクさんだけだ、とよくいわれます。新宿でも、若い女性向けの店、中年の男性向けの店、カップル向けの店とある程度色分けがあります。ベルクのように年齢や性別や職種や国籍の垣根を越え、**ごった混ぜになっている店**は珍しいようです。ベルクは、いわゆる顔なじみ（店主と常連さん）の店ではありません。有名人ですらここではほどよく紛れて意外と目立ちません。私どもスタッフも、黒子のようにただ忙しく動き回ります。

そうしたベルク独特の雰囲気は、意図的なものではなく、この場所で地道に商売を続けるうちに自然と培われてきたものです。私はそれをよくワインの熟成に譬えます。熟成という現象は、まだ科学では解明されていません。作り手たちも、このワインはこの条件でこのくらい寝かせればこういう味わいになるというのを経験から学ぶしかありません。神秘的といえば神秘的ですが、原因がわからないというより、一つに特定できないのですね。むしろありすぎる。ベルクの雰囲気を作っている要素も一つではありません。本書ではなるべく具体的に書きますが、それはまず何より多種多様なお客様であり、店の味であり、演出であり、それらが複雑に溶け合っているのです。

大手チェーン店のように、メディアを使ってどかんと宣伝するわけにもいかず、商品、食材、ロゴや内装デザイン、接客やスタッフ教育のノウハウまでワンパックで用意してくれる本部もありません。そもそも、店長である私は自分が飲食の道に進むとは夢にも思っていませんでした（私がベルクを始めたきっかけについては第3章で触れます）。大都会のまっただ中で、**素人同然だった**私たちスタッフと凄腕の職人たちが、お客様とともに、組織でもない、ワンマンでもない、このメンバーだからこの音になったというロックバンドのような店作りをしてきたのです。

飲食店の寿命は、いまや二年から三年といわれています。

競争に敗れたり、自滅したりして二年から三年しかもたない店も多いでしょうが、はじめから二年とか三年を前提にした経営方針もあるのです。企業などはとくに情報にのりやすい話題やイメージで一気に売って元をとり、飽きられたらさっさと見切りをつけます。法律や制度自体が、短期決戦型の企業戦略に合わせて作り変えられようとしています。

とくに大都市近郊は「再開発」の名のもとに、誰でも知っている大手チェーン店や有名シェフのプロデュースをうたったお店で埋めつくされようとしています。ベルクのように二〇年近く営業を続ける長期熟成型の個人店は、ますます珍しくなっているのですね。

もちろん、個人店というだけで、店の価値が決まるわけではありません。駅前という立地の良さにあぐらをかき、惰性で商売を続けるお店よりは、企業系列のお店の方が平均点以上のクオリティーが保たれ、無難で安心です。ただ個人店の存在価値が試される機会すら奪われているとしたら、やはり問題でしょう。それについては第5章で述べます。

「個人店」という言葉から、趣味のこだわりカフェ経営みたいなイメージを持たれる方もいるかもしれません。しかし私たちはむしろ趣味に走らないよう常に自分たちを戒めてきました。それもお読みいただければ、どういうことかおわかりいただけると思います。

本書ではベルクが日々心がけていることやこれまで**試行錯誤してきたこと**をひと通り書いたつもりです。ベルクは、純粋に利益追求とはいいきれない個人経営ならではの非効率さやこだわりもブレンドされ、まさに**長期熟成してきたお店**です。もちろん、日本でも有数の高家賃ゆえ、儲けもちゃんと出さなくてはいけない。

また、個人店が、フランチャイズのチェーン店と違うのは「商売」の楽しさも難しさも丸ごと味わえてしまうことです。もちろん、同じくらいに苦労もたくさんあります。それを自分たちの経験を通じて伝えられたらいいなと思います。

そして、ベルクという大衆飲食店は、生産者と消費者をつなぐ、外食産業の最前線でもあります。日本人をとりまく「食」の問題を、ベルクという現場から考えることもたくさんありました。

飲食に限らず、個人で独立してお店をやろうと考えている人、すでに個人店を経営している方、またそれ以外でも何かを始めようとしている方や仕事でお悩みの方が本書を読み、何か励みになったり手がかりをつかんだりしていただければ幸いです。

ベルクというお店は個人店、飲食業、また仕事や人生を考える上で、一つの興味深いサンプルになると思うのです。

なーんて、おおげさかもしれませんが、私自身がベルクという不思議な魅力にとりつかれ、一体これって何なのだろうと問い続ける毎日なのです。

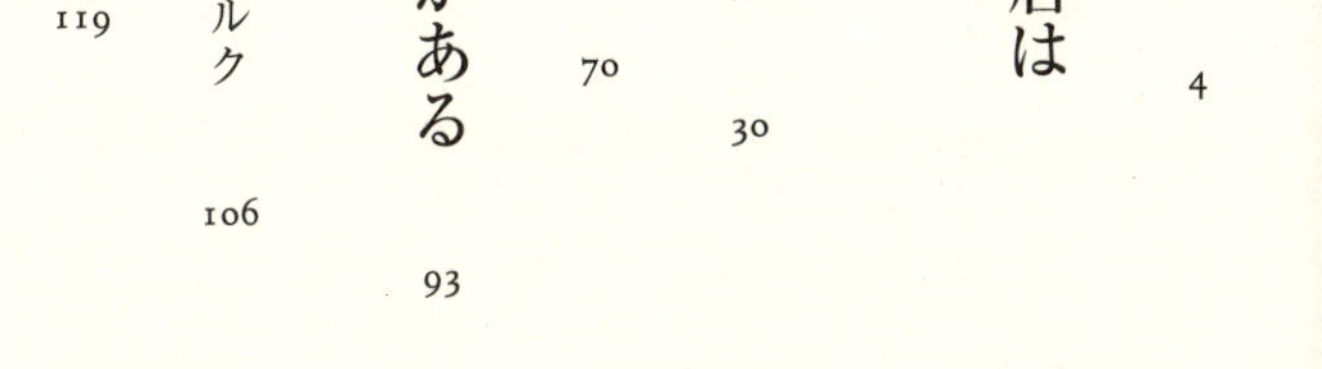

第5章　個人店が生き残るには？　185

エッセンベルク
ベルク通信

イラスト＝井野冬二
写真＝迫川尚子

第1章

どこにもないファーストフードのお店はこうしてできた

■ベルクはどんなお店？　と聞かれると、ちょっと返答に困ります

ベルクに明確なお店のコンセプトなどありませんでした。

私たちが最初に心がけたのは、コーヒーとビールをメインにした「早くて、安くて、うまい店」でした。それをどう利用するかは、お客様に決めていただこう、と。

お客様によっては、「ジャーマン（ドイツ風）カフェ」だったり、「居酒屋」だったり、「お弁当屋」だったり、「ワインバー」だったり、「珍しいビールが飲めるお店」だったり、「待ち合わせ場所」だったり、「一人になれる場所」だったり、「情報交換の場」だったり、「喫煙所」だったり、「自分の存在を確認してもらう場」だったり、「仕事場」だったり、「瞑想の場」だったりするはずです。

実際、その多様な利用方法を目の当たりにして、ベルクはどういうお店なのか、むしろ私たちがお客様に教えてもらいながら、店作りをしてきました。

もちろん、職人たちには自分たちの求めている味をはっきり伝えなければなりません。が、期待以上の答え（味）がかえってくれば、だったらこうしようと思わぬ展開につながることもあります。

スタッフもさまざまな視点から店をこうしてみたら？　と意見を出してくれます。いいよ、やってみてといい出しっぺのスタッフにやらせてみます。

つまりベルクというお店は、プランやコンセプトが先にあって、それにスタッフや業者さんやお客様が従っているだけというよりも、お客様と業者さんとスタッフのそれぞれの思惑があって、それらが反応しあって作られてきた面が非常に大きいのです。それはある意味、当たり前というか、店作りの本来的なあり方だと私は思います。でもベルクにはプランがないというと、不思議な感じを受けられるようですね。いや、ないわけではないですよ。プランは必要です。

外食産業にも企業がどんどん進出してきて、店作りの常識が変わってきました。企業においては、プランは絶対視せざるをえません。企業を存続させるには、利益最優先でいくしかないのです。そのための効率であり、プランなんですね。

ただ、店は生き物です。プラン通りにはいかないところがある。そこを何より大事にしてきたのがベルクです。

早い、安い、うまい。経営者サイドの言葉を使うと、「高回転」「低価格」「高品質」です。それが最も達成されやすい業態は、セルフサービス形式のファーストフードです。

ベルクをこの業態で始めたのは、新宿一等地という日本一人通りが多く、また日本一家賃の高いこの場所で、生き残るための選択でした。

ふと思うのです。なんのための「効率」か？　なんのための「利益」か？　と。それを手探りで探しているのが、都心のど真ん中のファーストフードな大衆飲食店であるベルクの仕事ともいえるのです。

■自分たちが納得できる店

早い、安い、うまいだけでなく、ベルクはこだわり自慢のお店と思われる方も多いようです。

私自身は、なるべくなら何もこだわらずにぼーっと生きたい人間です。ただ、店をやるうえで、これだけは譲れないというこだわりはあります。

わざとらしい香りのする酒は嫌とか、薬品の匂いのするパンはごめんだとか、要するに自分たちの味覚や嗅覚に忠実なだけです。自慢ではありません。

ただ、スタッフとよく、理想の飲食店ってどんな店だろうと、話し合うことはあります。

例えば、

・食べたいときに食べたいものが食べられる。
・しかもちょうどいい値段で。ばつぐんの美味しさで。
・お店の人もちょうどいい感じがいい。つかずはなれず何気に気にしてほしい。
・自由に使えるのがいい。飲み物や食べ物が自由に気分で選べるような店。

・一人でも入れて、人も連れて行けて、その人がとても気に入ってくれるような店。
・発見がある店。
・癒されて元気になる店。
・気分転換にもなる店。
・お店の人が楽しそうに一生懸命やっているのが伝わってくる店。
・ささやかなあたりまえの幸せがある店。

なんだ、それって、いまのベルクじゃん！　と思います。それは自慢していいかもしれません。ただ、そういう店になろうとしてなったというよりも、「早い、安い、うまい」という基本を続けていて、いつの間にかそうなっていたという感じがします。

どうやって、こんな大衆飲食店ができたのか？　どうやって、ベルクはいまのベルクになったのか？　どこからお話ししたらいいのか途方にくれますが、まずは、私たちが普段心がけていることを具体的に書いていこうと思います。

お店の魅力をどのように出していくのか？

■商品力とはインパクト

コーヒーには、はじめからこだわるつもりでした。専門色を強めようと思ったくらいですから。といっても、豆さえ選べば、あとは全自動のマシンが作ってくれる。自分たちは商品を提供するのみ。いかに数をさばくかだと考えていました。目が回っても、調理の苦手な私にもやれないことはない、と。

しかし、セルフにはセルフが成り立つ条件というのがやはりあるのです。

それは、一言でいうと「商品力」です。

逆に、商品そのもので勝負したいと思ったら、セルフは一つの理想的なあり方です。余計なところにお金や労力を使わずにすむからです。

私は、ひところ、スタッフに口癖のように「インパクト、インパクト」といっていました。

安い！　というだけで一つのインパクトですね。うまい！　強烈なインパクトです。早い！　これもまたインパクトです。ヴォリュームがあるとか、美しいとか、希少価値があるとか、何でもいいのですが。

商品力とは、要するにこのインパクトのことです。

商品のインパクトを重視するのは、大企業も同じです。大企業の場合、そのインパクトにはイメージ戦略も含まれます。イメージも商品力の一部ですからね。例えば、「有名パティシエがプロデュースしたスイーツ」みたいな。そこはやはり資本力がものをいいます。雑誌やテレビなどのメディアを使うので、即効性も高い。一夜にして行列ができたりする。ただ、そういう広告・宣伝のインパクトに偏りすぎると、飽きられるのも早く、たえず目先の新しさで勝負するしかなくなります。最近の「駅ビル」「デパ地下」や一等地ではそんなタイプの新しいお店が目につきます。第5章でも詳しく書きますが、最近の「駅ビル」はそういう目まぐるしい企業戦略に歩調を合わせるように、短期サイクルでテナントを入れ換える方針を打ち出す傾向にあります。

個人店は、当然、そんな宣伝費などありませんから、商品力といってもコツコツ、技に磨きをかけて味や値段や提供スピードで勝負するしかないのです。

■価格のインパクトは相対的

樽の生ビールと黒ビールとハーフ&ハーフとが、どれも一杯三〇〇円なんて、開店当初、おそらく日本中でうちだけだったでしょう。インパクトは大きかったと思います。

しかし、日本中の店がすべて生ビールを一杯三〇〇円で出したら、その価格はインパクトがなくなります。インパクトが強いといっても、価格はあくまでも相対的な強さです。一円でも安ければ、自慢の世界なのです。そこは、まあ低価格の店の宿命でもあります。極端に安くしすぎて不味いものを出したり、利益がなくなったりしても意味がない。

■普遍性とは真似できないこと

しかし、味に関しては、どんなに制約が大きくても、絶対的なインパクトを出したいという心意気があります。「インパクト」という言葉自体、ひところ流行った「差別化」にしてもそうですが、他店との比較を前提にしています。

でも、どうせなら絶対的なおいしさ、絶対的な安さといいたいところじゃないですか。いつもほかとの比較で決められるなんて、心情的には空しい。

そのうち、私たちの間で合言葉になったのは、「どこにも真似できない」でした。これも他店との比較を前提にしていますが、絶対的なニュアンスを含むでしょう？おおざっぱにいうと、例えば早い、安い、うまいと三拍子そろった店はなかなかありません。うまいけど高いとか、早いけど味はそこそこという店はいくらでもありますが。

■個人店の魅力は過剰さにあり

「コーヒー屋はコーヒー」とは、ドトール営業本部長の永嶋万州彦氏の言葉です。「餅は餅屋」といいますが、コーヒーについてはコーヒー屋とは限りません。レストランでもマックでもどこでもコーヒーは飲める。しかし、コーヒーにこだわる店はコーヒー屋ですら意外と少ない。だから、コーヒー屋はコーヒーにこだわろう。

この言葉を聞いて、私はコーヒーにやたらこだわってみるのもいいなと思いました。この場合、「やたら」がポイントです。つまり、過剰にこだわることで「インパクト」を出す。その「インパクト」が、お客様に思い出してもらったり、人に教えてもらったりするきっかけにもなります。

うちのコーヒー職人は、ペルーのティアラ五〇％という普通じゃ考えられない贅沢な配合で、やたら甘いエスプレッソを作り、一人でぶったまげています。彼などまさに「やたら」の男。こうした過剰さは、効率や結果ばかり問われる世界では冷笑されやすい。

しかし、個人店の魅力は、そういう職人やスタッフの無意味とも思えるほどの情熱と情熱のぶつかり合いに秘密があるのです。

■ありえないほどたくさんあるメニューは定番あってこそ

ベルクの場合、メニューの豊富さも店の大きな特徴としてあげられます。

それは必ずしも意図的なものではありませんでした。

漫然と種類の多さだけをアピールしても、つかみ所がなく、魅力にはつながりにくい。ホットドッグのような店の目玉と呼べる商品があることが前提です。いわゆる定番メニューですね。

定番さえあれば、あとは「低価格高回転」にとらわれず、例えばやや高めで希少価値のある商品とか、多少メニューに遊び心があった方が、お客様もそれを選ぶかどうかは別として、選ぶ楽しみ（＝満足度）が高まりますし、店の格もちょっと上がります。

それからベルクでは朝・昼・夜とそれぞれの時間帯の定番セットメニューがありますが、朝でもアルコールやおつまみをお出ししますし、夜でもトーストにコーヒーが召し上がれます。二人できて、一人はチーズにワイン、もう一人はモーニングセットという頼み方ができるのです。このチャンポン感も、メニューのバラエティ感につながっている。

また、それは新宿東口という雑多な場所柄に応じたものともいえます。国も性別も職種も年代も超えて、本当にさまざまなお客様がいらっしゃるのです。

カフェという空間自体が、本を読んだりお喋りしたり待ち合わせに使ったりと、利用方法はさまざまです。メニューの使い方も、お客様に自由に決めていただこうというわけです。

計画的にそうしたというより、単純に時間枠にとらわれずノリでメニューを増やしたら、それに応じて客数と売上が伸びたという経緯があります。現場のオーダーは複雑化しますし、仕入れの注文もロスが出ないよう細かく調整しなければなりません。効率は非常に悪く、混乱を招きがちです。

ただ店の様子を見ていて、それが多くのお客様の来店動機（支持）につながっているとわかったのです。ベルクはお客様によって作られ、場所によって育てられた面が大きいのですが、とくにこうしたメニューのあり方にもそれは表われています。

このように店が売りにするもの、自慢できるものが増えれば増えるほど、他店に

「真似できない」度合いが倍々にふくらみます。

■個性的であろうとしてはいけない

というのも、実際、どれもこれも手を抜かずに維持するには、相当の覚悟と熟練を要するのです。つまり、時間をかけて熟成される。それが「どこにも真似できない」本当の個性になっていく。私はそれをひそかに「店に魔法をかける」といっています。

最初から個性的であろうとすると、ほかと違えばいいと安易に考えそうじゃないですか。何から何まで赤ずくめの店にするとか。天井から壁から食器まですべて赤で統一してしまう。そういう店は確かになかなかありません。一目で個性的です。わかりやすい個性ではありますが、飲食の素人が陥りやすい罠ですね。内装ばかりやたら凝っても飽きのこない個性にはなりづらい。

逆に、日常利用する大衆飲食店だからといってあまりに内装が素っ気ない店もありますが、お客様は店に何かしら非日常感を求めています。だから、それなりの演出は必要です。

しかし、内装などは真似しようと思えば真似のできる個性です。別にそれでもいいのですが、それだけではすぐに飽きられてしまいます。

やはり確かな技術に裏づけられた「売り」や「自慢」を掛け合わせた個性でないと、

FOOD POCKET
BERG

本物の個性とはいえません。

■あるべき姿を追求する

だから、私たちは「どこにも真似できない」をキーワードにしたのですが、考えてみれば、「早い、安い、うまい」は、わりとありふれた飲食店のキャッチフレーズですね。飲食店を利用する立場からすると、それは飲食の一つのあるべき姿とすらいえる。

とくに飲食店の利用頻度が高い（生活の大半を外食に頼らざるをえない）人にとって、飲食店が一番ありがたいと思うのは、食べたいときに食べたい場所で食べたいものが簡単に食べられることです。まさに、「早い、安い、うまい」ですね。

セルフの店が一時期流行のように増え、次々とつぶれていったのですが、おそらく「早い、安い、うまい」という「飲食店の一つのあるべき姿」をしっかり押さえた店が少なかったからではないでしょうか。単に人件費を抑えるためにセルフにしたという店が多かったんじゃないか。

■何のためのセルフか？

セルフをただの決められたシステムと考えると、何のためのセルフかわからなくなります。などと偉そうにいっていますが、私自身、最初は数をこなすためのセルフと思っていました。実際に店を始め、通勤客に利用されるようになって、その光景を自分の目で確かめるようになってからです。ああ、そうか、そういうことか、と気づいたのは。

セルフというスタイルによって、女性が一人でも店員の目を気にすることなくお酒を飲めたり、朝の忙しい時間でも、安い値段で最良の目覚めのコーヒー一杯をグッと飲めたりできるのです。

もし毎日現場に立っていなかったら、セルフはただの数をこなすためのシステムでしかなかったかもしれません。

現在、ベルクは通勤客のみならず、ベルクを目指して新宿で途中下車してくださるお客様も増えました。その証拠に、数年前から土日の売上が平日の売上を上回るようになりました。土日は店を閉じたいくらい暇だったのに。普通、休みの日まで、セルフで食器を運びたくないじゃないですか。それがいまでは、平日の忙しさは相変わらずですが、土日はそれに輪をかけたようなお祭り騒ぎです。便利だから立ち寄るのでなく、その店だからわざわざ行く。店冥利につきるとしかいいようがありません。

ただ、「早い、安い、うまい」がベルクの土台であることに変わりはないのです。技術や趣向に裏づけられた「自慢」の中心に、ニーズに裏づけられた「自慢」があるということですね。それを支えてくださっているのは、いまだに平日の通勤客です。

自分たちが毎日食べられるもの――ベルクの商品開発

■「自分たちが食べたい」を基準にしたい

ベルクの場合、経営者である社員をはじめ、スタッフ全員が現場で過ごすため、商品開発のキーワードの一つに、「自分たちが毎日食べられるもの」が自然と入ってきました。それは、言葉尻だけとらえれば、「自分たち」を基準にしていて、お客様の方を向いた現場主義とはいえないかもしれません。とにかく化学調味料や保存剤等を使ったものを毎日口にすると、だんだん鼻についてくるのです。それだったら腐りやすくて扱いづらい食材でも、そちらの方でいきたい。幸い、回転の早い店なのでそこはクリアしやすかった。

ただ、化学調味料を使わないと味は薄味になり、立って食べるには不向きです。やはり化学調味料のような舌にすぐ飛びのる味の方が手っ取り早くて、立って食べるには向いているのです。そういう意味でのインパクトが化学調味料にはあるわけです。

化学調味料や保存剤を使わないとなると、キャッチーさという点では負けるかもしれないが、鮮度がいいとか、嚙みしめるほどに味わいがあるとか、匂いを嗅いで深呼吸できるとか、スパイスに工夫があるとか、そういうところで勝負するしかなくなります。

そのぶん、食材の作り手である職人やそれを管理する私たちの手間は増えますが、ちゃんと自分たちのメリットになるんです。「自分たち」とはベルクのスタッフですが、ベルクのお客様でもあるからです。

伊丹十三監督の『スーパーの女』という映画のなかで、「従業員が買い物をしないスーパーはダメだ」というセリフが確かありましたが、私たち自身がしょっちゅうベルクを利用します。やはり自分たちの職場ですし、気軽に利用できるのが大きい。何より決定的なのは、出されたものを口にする安心感です。慌ただしいなかでも充実した時間が過ごせ、お腹にももたれないですしね。

お客様にも、私たちスタッフのように毎日当たり前のように店にきていただけたら、それこそ願ったりかなったりじゃないですか。ただ、いわゆるファーストフードの味のようなとっつきやすさがないぶん、「忘れられない味」になるには、時間がかかります。一度病みつきになってもらえればしめたものです。

■店主はオタクであれ

コーヒーはベルクの原点といっても過言ではありません。セルフサービスのコーヒーショップ、というコンセプトで始めたお店です。まずコーヒーの話をしましょう。コーヒーは機械に自動的に抽出させて、たくさんのお客様に対応しよう。ということで、コーヒーマシンを探しました。一分間に平均二、三人のオーダーを受ける予定でしたから、全自動のコーヒーマシンやコンベア式のトースターに頼らざるをえなかったのです。

展示場には、何百万円もする業務用の立派なマシンがスポーツカーさながらに並んでいます。デザインもいかしている。ボタン一つでコーヒーが出てくる。夢のようです。

チェーン店であれば、こうしたマシン選びや豆選びは本部がやってくれるでしょう。効率や値段を考えたらその方がお得です。でも、自分の目で探す。それは譲れないというか、一番の楽しみです。オーディオマニアの域ですね。時間と労力をかけても、ムダとは思えない。

さて、最初にいいなと思ったのはスイス製マシン。味も香りもいい。でも、抽出が遅い。

スピード自慢のドイツ製マシンは、味が大味。

何種類ものマシンを眺めてはコーヒーを飲み比べました。そのなかにきらりと光るといいますか、別格の一杯がありました。素材（豆）の良さを感じたのです。

営業の人に豆を調合・焙煎《ばいせん》した職人の連絡先を教えてもらい、すぐ電話ボックスからかけました。いきなりの電話だったにもかかわらず、一時間は話したと思います。百円玉をいくつも入れたのを憶えています。職人は見ず知らずの私に、コーヒーに対する思いを情熱的に語ってくれました。話がつきないのです。とりあえず会う約束をして、電話を切りました。圧倒されました。それが現在までずっと全面的にベルクのコーヒーを引き受けている、コーヒー職人の久野《ひさの》富雄《とみお》氏との出会いです。

マシンよりもまず職人を見つけました。いま思えば、運命的ですね。

コーヒーマシンは一番ハイスピードのものにしました。なにせ人がダッシュで行きかう新宿駅。マシンの欠点（機械臭が出やすい）は豆の良さで補うことにしました。豆は生きています。気候条件や熟成度合いによって変化します。それはもう現場の私たちが対応するしかありません。毎日機械の設定を調整しながら味や香りを守ります。

二〇〇円のコーヒーでは考えられないこだわりかもしれませんが、一日で普通の喫茶店の一週間分のコーヒーがはけますから、鮮度は保たれるし、コストもおさえやすいのです。

■マシーン選びのポイント

機械は故障します。業務用はそう滅多に壊れませんが、機械である以上、絶対ということはありません。コーヒーマシンのほかにも、狭い厨房にはさまざまな機械がパズルのように組み込まれています。どれか一つでも壊れると、てんやわんやの騒ぎです。

いままでは、ある程度サブシステムがあり、お客様に迷惑をかけることはそうそうなくなりました。万が一オーダーストップになっても、ほかのメニューをうまくおすすめしてマイナスイメージをプラスに変えるくらいの接客テクニックはあります。ただそうなれば、相当のエネルギーを消耗するのも事実です。

厨房機器は、中古が断然安いとすすめてくれる人もいますが、短期決戦の店ならいざしらず、うちのような長期決戦の店で問われるのは、値段よりも、性能よりも、断然メンテナンスの良し悪しです。

少なくとも、メーカーに最初に確認するのは、メンテナンスシステムが整っているかどうか、つまりうちのような年中無休の店にも対応できるかということです。もうこれは半ば飲食店の常識ですが、土日祭日に限って壊れるものなのですね、機械というのは。平日と電気の流れが違うのか、調子が狂うのでしょう。

コーヒーマシンを最終的に決めるときは、本当に悩みました。契約寸前までいって、キャンセルしたものもあります。イタリア製でデザインといい性能といい申し分なかったのですが、土壇場になって心配になって、思い切ってそのマシンを使っている店を調べて、使い心地を聞いて回ったのです。何しろ高級車一台に匹敵する買い物ですから。どこも親切に、やめた方がいいと助言してくれました。三カ月にいっぺんは壊れる、と。

全自動のような本格的なコーヒーマシンは、日本ではまだ技術が追いつかなくて、イタリアやドイツ、スイスといったヨーロッパの製品を使うことになるのですが、どれも日本に輸入するときに、日本向けに改造するそうです。日本人の多くは、コーヒーの原体験がインスタントコーヒーだったせいか、お茶ならともかく、カップの底にコーヒーの粉が残るのをひどく嫌がります。だから、粉が残らないよう改造することになります。それが故障の一番の原因になるらしい。

結局、私たちが最後に選んだコーヒーマシンは、某大手チェーン店でいっせいに扱っているのと同じ型のものでした。大手チェーン向きだけあって、メンテがしっかりしていますし、改造の経験も一番多いから、安定性があるんですね。そもそもドイツ製だけあって、造りがしっかりしている。難点は、機械臭が出やすいのと味を一定にしにくいことです。いや、これは品質維持という点からいえば、致命的なことです。

■コーヒー豆とマシン

そこで、このマシンの欠点をカバーする豆の選別と調合をお願いしたのが、久野氏なのです。展示会で見つけた、格別のコーヒー豆を調合・焙煎したコーヒー職人です。すぐにオリジナルブレンドを開発することになりました。

機械まかせにするには、コーヒー豆の質と機械との相性が問われるのです。試行錯誤の連続でしたが、お蔭で香り高い、甘みとコクのあるベルクオリジナルブレンドができ上がりました。あとはその味を記憶し、私たち現場のスタッフが毎日マシンの設定の調整をすればいいのです。いや、それだって大変な仕事ですが、機械が壊れてコーヒーを出さなくなるよりましです。

それどころか、毎日コーヒーの味チェックをすることにより、味覚がソムリエ並みに鍛えられました。肝心のメーカー（代理店）によるメンテには、突然トラブルが起きて助けを求めても、当初は大手の店を優先されて泣かされました。でも長いお付き合いを通じて、私たちの真剣さが伝わったのでしょう。いまでは何かあれば真っ先に飛んできてくれます。それはほかのどの機械のメンテについてもいえます。これも長期熟成型の個人店のメリットです。

アイスコーヒーは水にもこだわりました。豆を北海道に送り、羊蹄山《ようていざん》から湧き出る硬質なミネラルウォーターに二四時間つけこんで、また送り返してもらうのです。さっぱりしていて、ブラックでも飲みやすく、香りとコクもあります。

■自分たちでメンテできれば最高！

うちでは、コーヒーマシンの調整は毎日欠かせませんが、アルバイトまかせのチェーン店などでは設定を一度決めたらしばらく変えないのが原則です。確かに粉の量が変われば、コストも微妙に変わりますし、ある程度権限がないとできないことですよね。また設定の操作を誤ると、大きなトラブルに発展しかねない。だから普通、店のスタッフは、基本操作以外触れちゃいけないことになっています。

ただサービスマンはしょっちゅうきてくれるわけではありません。当初はうちも、何カ月に一回、定期的に調整してもらい、その日は何とかいい味が出ても、次の日は求める味じゃなかったということがよくありました。だんだん呼び出す頻度も要求も高まりましたから、メーカー側も、だったらご自分たちでどうぞと設定操作の封印をといてくれたのです。

マシンの部品もほんのわずかずつですが、磨耗します。それが味にも微妙に影響します。コーヒーの場合、苦味は比較的出しやすいのですが、甘みを出すのが難しく、その微妙な変化で甘みがまず出なくなります。ほかの店だったら気にならないような変化も、うちでは深刻にとらえるのですね。メーカー側によれば、うちくらい使用頻度の高い店でも、一年に一回交換すれば充分とされる部品を、交渉の末、三カ月に一回交換してもらうことにしました。それで実際、甘みが保たれたのです。

最初は、理論上（部品による味への影響は）ありえないといわれました。でも、毎日口にしているのは店の私たちです。その私たちが出した結論です。理論って何？という感じです。さすがにこれには困ってドイツの製造元に直訴し、営業の人にもきてもらって、味の変化を体験してもらいました。いやもう、自分で味わってもらえれば一発ですから。

■コーヒーソムリエになれ！

味を言葉にするのも、ときには必要です。サービスマンにマシンの調整をお願いしていたころは、こちらは言葉で説明するしかありません。サービスマンもそれをよりどころに設定を変えます。また、マシンだけでなく、豆の調合や挽き具合、焙煎度合いについて職人に相談するときも、こちらが頼れるのは言葉だけです。

コーヒーで、ソムリエになるための訓練をするという話を聞いたことがあります。確かにコーヒーも、甘み、苦味、酸味、コク、香り、重さ、後味、強さですからね。

そのバランスが問われる。それを言葉にするのは勇気がいりますが、通じ合える喜びも味わえます。また、味覚により自覚的になります。舌の訓練にはもってこいかもしれません。

■業者になめられないくらいの知識を

メーカーのサービスマンもこちらを試すのですね。味調整といったって、どの程度味がわかるのか、と。わざと同じ設定のコーヒーを並べ、飲み比べさせられたこともあります。そういう戦いを挑まれたときの私たちは強い。一口で見破り、同じですね、と一蹴しました。あっそうでした？　と相手はとぼけますが、動揺は隠せません。ではこれでは？　とだんだん本気になります。そうすれば、しめたもの。バランスが悪い、ふくらみがたりない、とかまわずに指摘しますが、これでどうだ！　と相手も応えます。

何度目かになると、さすがにあうんの呼吸でやれました。やはりこういうことは自信をもって臨んだ方が、相手ものれるし、自分ものれる。

その体験は、職人たちと商品開発をするようになってからも、役立ちました。単に職人におんぶに抱っこでなく、もっとこうしたい、こうなったら最高といって、職人たちをのせるのも私たちの役目だからです。

コーヒーの味調整は、いまはもうサービスマンの手をはなれて、社員が日々味を確かめながらやっています。味が決まると、その日は一日ハッピーです。

■どこのコーヒーが美味しいのか？

ところで、たまにお客様から、○○とベルクどちらが美味しいの？　と、ほかの店の味について意見を求められることがあります。どうぞお確かめ下さい、と申し上げるよりほかない。よそのことは責任がもてないし、味というのは結局主観的なものですから。美味しいかどうかを決めていただくのはお客様です、と突き放したくなります。私どもスタッフ自身、単にコーヒーをお出ししているだけでなく、味作りにまでかかわっているので、どうしても味に関しては職人のような立場をとらざるをえないところがあるのです。

職人気質って、頑固というか、自分がやるべきと思ったことをやるだけ、という姿勢ですね、徹底して。あとはそれを評価するのはお客様です。つまり、まな板の上の鯉同然です。潔いのです。もちろん、サービス業は潔さだけでは成り立ちませんけれど。

コーヒーに関して、私たちが「やるべきこと」とは、もう少し具体的にいうと、前にも書きましたように、日々神経を使っているのはコーヒーの甘みを引き出すことです。それには豆の選別に始まって焙煎や調合、熟成期間（エイジング）から豆の挽き具合、分量、蒸らし時間まで問われます。一歩間違えると、酸味に変わってしまう。酸味は嫌われる傾向にあるので、なるべく避けたい。

結構きわどいことをやっているのです。うまくいけば達成感が味わえます。それはある意味自己満足の世界かもしれない。そこまでお客様は求めていないかもしれない。普通は、もっと無難にすませるでしょう。どんな豆でも焙煎を深くさえすれば、とりあえず苦味は出ます。それで充分コーヒーとして認められます。甘みは白砂糖で補えますし。だからまあ豆本来の甘みを出すというのは、うちの勝手なこだわりです。よそと比べるとハッキリしますが、うちの豆は見事にきれいにそろっている。それも手で選別している証拠です。

ただそうやっていれたコーヒーが気に入るかどうかは、あくまでもお客様次第なのです。

うちだって「おいしいコーヒーをどうぞ」と看板でうたっていますし、商売にはある程度ハッタリも必要です。ただ、ハッタリで何とかなるのはあるひとときです。それで良しとしたら、お客様を見くびることになります。

お客様というのはさすがにスルドイところがあって、やはり店がこだわればこだわるほど何かを感じとっていただけるものなのです。美味しいか美味しくないか、気に入るか気に入らないかという以前に、まず、なんだろう？　これは、と思っていただければじつはしめたものなのです。

ベルクの基本は、私たちが職人たちと決めた、このコーヒーの味にあります。絶妙にバランスのとれた味ですね。パンもソーセージも、それぞれ味わい深いし、コーヒーに合います。というよりも、それぞれがお互いを邪魔せず、むしろ複雑に味を引き出しあうのです。やはりそこでも注目すべきは、バランスですね。

商品の開発をするときも、最終的に問われるのはバランスです。

■商品開発の秘訣

学生のころ、サントリーのウイスキーを飲んでいた私に、バーボンの味を教えてくれたのは副店長の迫川でした。酒は飲んで酔いさえすれば満足のガサツな私より、味にこだわりのある人とは思っていましたが、ここまで鋭い味覚とセンスの持ち主とは、正直一緒に仕事をするまでわかりませんでした。

商品開発において、厳密なレベルで職人たちと渡り合えるのは、私でなく迫川なのです。

迫川に限らず、うちのスタッフは、利き酒師やビアテイスターの資格はあっても(それなりに勉強して、経験を生かさなければ取れませんが)本人たちはただの食い道楽です。食べたり飲んだりする楽しみが、生活のなかに溶け込んでいる。それが頼もしい。情報や権威に惑わされないですからね。食の世界で頼りになるのは、結局自分の嗅覚と味覚、要するに五感です。それしかありません。

本当においしいお店、しかも安くてうまい店、そんなお店は自分の足で探すしかないのです。

さてここからは、ベルクの開発担当、迫川副店長に語ってもらいましょう。

＊

こんにちは。迫川です。ベルクでは副店長という肩書きで、人事、商品開発、店の演出など幅広く手がけています。もっとも店にいる七人の社員は、みんななんでも手がけますよ。

さて、ベルクの商品開発は、食べることにはじまり食べることに終わります。ひたすら食べます。

例えばパンを探すときは、市場に出ているパンを片っ端から食べます。

現在の状況を徹底的に調べる。売れ筋、傾向、価格、味のレベルなど総合的なリサーチ。それを記録し、記憶します。

でも、その前に必ずやっておくことがあります。イメージです。**自分が何をどう作りたいのか、どんな味か、どう出すか、イメージするのです。**

そのイメージなしに市場調査しても、得るものはあまりありません。

もちろん、イメージはいい意味でも悪い意味でも裏切ります。しかし、それが大事です。それによって、外の世界を知るといいますか、世界における自分の位置を知るといいますか。新しいと思っても、井の中の蛙だったりすることが往々にしてあります。

そして、とにかく試食します。それを記録し、記憶する。

■食べて食べて食べまくる

食べ物の味は、見た目でだいたいわかります。また、匂いでもわかります。でもいちおう食べます。が、食べるとなると、これは体をはった仕事です。いかにも体に悪そうなものもありますし、添加物で胃がやられたりもします。逆に自然食をうたっていても、魅力の乏しい商品もあります。安全が売りなのでしょうが、食べる楽しみはどこに？　ともどかしくなります。うまくない自然食も多い。

そりゃ試食は仕事ですから、普段と違う神経を使います。

日常生活では、いつどこで何を誰とどんな状況で食べるかによって、味は変わります。気分一つで美味しくもなれば、まずくもなる。まずは「気分」を遮断しなければなりません。クールに、頭をまっさらにして、試食用の頭に切り替えるのです。そして舌と鼻と目と耳と脳を研ぎ澄ませ、連動させます。

さまざまな業者さんから、たくさんの商品のサンプルをもらいます。次にきたときに「どうでしたか?」と気軽に聞かれます。正直、ただでは答えたくありません。金くれ、ともいえないので、ちゃんと答えてあげますけれど。全部口にしますよ。

ある高級ホテルが仕入れているというテリーヌは、見た目はデザイン的でしたが、あまりに化学的な味で、思わず吐き出しました。大手の商品開発担当者が味を見てくれと持ってきたソーセージは、人間の食べものではありませんでした。自然食をうたうケーキ屋のケーキは、粉の味しかしませんでした。試食コンサルタントという肩書きをつけたいくらいですが、本当に職業にしたら、耐えられないかも。

■ベルクライという オリジナルの黒パンを作ったときのこと

パテに合うライ麦パンが欲しかった。そこで職人にまず作ってもらいました。腕はもう絶対的に信頼しているので、余計なことを一切いわずに。いくつか試作品ができ上がり、試食しました。やはりどれも文句なく美味しい。ただ食べ比べると、それぞれ微妙に違う。

空気感。嚙み応え。引きの強さ。舌にのったときの密度。溶け方。舌の細胞へののり方。のどへの流れ方。香り。香りの変化。重さ。全体的な印象。

ひとくち食べるといっても、その過程にはさまざまなプロセスがあります。それを一つ一つ検証していく。

そこまでしなくても、もっと端的にぴんとくる・こないで、感想としてはいいのですが、それを緻密に言葉にして職人さんと話すのが面白い。私には作れないですから、言葉で張り合うしかない。その言葉が具体的であればあるほど、発酵がこうだったからそうなったのかもしれない、と返事も具体的になってきます。それがさらなる展開につながる。試食と開発の醍醐味です。

私は、お酒の味をよく人にたとえるのですが、ライ麦パンでもそうしてみました。最終的に試作品は次の三つに絞られました。

①渋谷のコギャル系。ライ麦がプチプチはじけて元気。でも空気が入りすぎて、まだ若い。
②深窓の令嬢。ライ麦がなじんでしっとりとした味わい。つつましやか。ちょっとおとなしいかな。
③大人のキャリアウーマン。天然酵母の持つやさしさもあり、ライ麦の強さもあり、素朴過ぎず洗練されていて、バランスが良い。

それをそのまま職人に伝えると、うんうんとうなずいてくれます。それで通じるのも不思議ですが、合わせてくれているだけでもなさそうです。

新宿のベルクにふさわしく、③でいきます。というと、職人は満足そうに笑いました。

＊

■ワイン会を開催！

ワインは毎月白赤二種ずつ、純米酒は日替わりでご用意しています。

基本的にグラス売りです。テイスティング感覚で楽しんでいただきたいからです。ワインは世界中から届きます。生産者や年度、クラスによってこんなに違うものもない。そのなかからお手ごろで満足のいくワインを毎月四種選ぶのは、選び甲斐はありますが、めまいがしそうです。

それを考えたのは、たまたま近所のお店のワイン会に呼ばれたのがきっかけでした。日本にワインブームが来る前から店主は（中華料理店なのですが）ワインにこだわっていました。ベルクでも、すでに定番の国産ワインを置いていましたが、このワイン会に何度か参加するうちに、すっかりワインの虜になりました。途中でボルドー派からブルゴーニュ派に転向したりもして。

一本、ン十万するボトルを店主はその場の勢いか、平気で開けるのです。利益度外視。もう遊びの世界です。ラッキーというしかありません。本来、ワインは一本のボトルをじっくり時間をかけて味わい、その変化を楽しむ飲み物です。でも参加人数が多ければ、たくさんの種類のボトルを一度に開けられます。それはそれでめくるめく体験です。

このワイン会方式、ベルクでもやれるんじゃないかと思いました。夜はほとんどのお客様がビールでしたが、ワイン会の楽しさを知っていただければ、可能性はあるだろう、と。うちならわざわざ会員制にしなくても、毎日いらっしゃる常連さんが多いですし、何種類か用意して月替わりにすれば、もともとグラス売りですから、いろいろ試せます。

それと、ワインはレストランなどで特別な日に開ける高価なお酒というイメージが強かったのですが、そうでない、もっと気軽な飲み方もあるということをベルクではご提案したかった。低価格のいわゆるテーブルワインのなかにも、魅力的なワインはいくらでもあります。複雑な味わいはあまり期待できないかもしれませんが、コーヒーでいえば、数種の豆を配合したブレンドコーヒーでなく、一種の豆の個性を打ち出したストレートコーヒーのようなワインですね。本当に一杯三一五円で、個性的なワインに次から次へと出会えます。

ただワイン選びも、片手間でやれる仕事ではありません。毎月、専門の目利きにお願いして、ある程度しぼってもらったなかから選びます。もちろん、全部テイスティングします。贅沢なテイスティングです。じつはその目利き役、私がワイン会で知り合った方です。どこでどんなつながりがあるかわかりませんね。

＊

■趣味の純米酒が出せる店

ベルクでは、純米酒もお出ししています。私（迫川）の趣味ということで始めました。

日本酒は、最近ではお手ごろなサイズもありますが、基本的には一升瓶です。しかも純米酒は劣化が早い。いくら副店長の趣味だからといって、売れなければ、場所はとるし、ロスにはなるし、大ひんしゅくものです。

でも売れちゃっています。普通、希少価値のある商品は、ある程度高めの値段をつけないと、かえって信用されないところがあります。安酒なんて飲めないよという人も多い。が、ベルクでは、安くてもおいしいというお客様の信頼があるせいか、手に入りにくい珍しいお酒も、お手ごろ価格でお出ししてそんなにあやしい感じになりません。ちょっともったいないかな、と思うことはありますよ。でも、純米酒は開けたてが一番美味しいし、残ったらなおさらもったいない。

ワイン会と同じ、みんなで分け合おう！　という感覚ですね。あるいは、私が趣味で買ってきたお酒を、私一人では飲みきれないから、お福分けするという気持ちです。

とにかく、日本にもこんなに素晴らしい文化があるのだということを、もっと誰にでも気軽に味わっていただきたい。私の願いは、ほとんどそれにつきます。

日本酒の蔵は、年々減っています。日本人の日本酒離れに、私は大変な危機を感じます。それは、店側にも責任があるような気がします。保存管理を怠れば、日本酒はすぐに味が落ちます。

飲食店の場合、その店が気を遣っても、店に配達する酒屋がいい加減なことをしたら、アウトです。だから食材のルートって大事なんですね。蔵から酒屋へ、酒屋から店へ。お互いがお互いに本来の美味しさを保つためにしっかり連携するという意識がないと、ダメです。とくに日本酒のようなデリケートなお酒は。

良さげな酒屋があると、素通りするのは難しいですね。冷蔵庫に並ぶお酒のラインナップで、だいたい店主のこだわりがわかります。ここには隠し酒があるな、とふんだら、もうやたら注文の多い客になります。もちろん、ただうるさいだけでなく、ツボを押さえないといけません。すると、店主は奥からこっそり見たこともないラベルの一升瓶を大事そうにかかえて持ってきてくれます。隠し酒ゲットの瞬間です。そのとき限りの貴重品です。それをベルクに持ち帰り、お客様と分け合うのです。

■「純米酒」にこだわる理由

私（迫川）の個人的な話ですが、急性アルコール中毒で死にかけたことがあります。それ以来、ウイスキーや泡盛をあおるように飲むのはやめました。

三カ月間断酒した後、最初に口にしたのが、純米酒でした。細胞にしみわたる感じ。純米酒って、作り手の立場からすると、失敗する確率が高い、難しいお酒です。醸造アルコールを使った方が、すっきりと味が整いやすい。でも美味しい純米酒は、本当にお米のお酒という感じで、味のふくらみが違う。そこに私はまいりました。二日酔いにもなりにくいし。「純米酒信仰」という言葉もありますが、私の場合、あくまでも経験上、美味しいと思ったお酒がみんな純米酒だったのです。

半年間、アルコールを禁じられた時期もありました。口に含むのもひかえました。半年後にお酒が飲めることだけを楽しみに生きました。ただ困ったのは、テイスティングができなくなったことです。仕事上、重大な支障です。

ところが、できないことはありませんでした。鼻です。匂いで味はわかります。

メニューのコメントも、匂いから推測して書きました。それは当たっていたと思います。「推測」と書きましたが、口が使えなければ、鼻がその代わりを務める、というべきですね。訓練なのか、意地なのか。私自身、香りは大事な要素ですが、舌で味わわなければテイスティングは完結しないと思っていました。ところが、匂いを嗅ぐと口にしたときのように味がわかるのです。匂いの分子が、鼻を通って、舌にのり、味の成分を脳が分析するのでしょうか。口から飲む人、そして鼻で分析する私、隣同士でその酒の魅力をめぐり、ちゃんと会話が成立したこともあります。しかも私は酔わないので、いつまでも分析能力は落ちません。

お酒を再開してからも、鼻によるテイスティングは活用しています。怪我の功名。転んでも、ただでは起きません。

＊

優秀な職人たちはお金では動かない

■ソーセージ職人との出会い

ベルクを始めたばかりのころ、スタッフが実家の近所にあるお肉屋さんのパテをお土産で買ってきてくれました。豚肉とスパイスと生クリームが混ざって、ゼリーのように固まったパテです。厨房で軽く焼いたパンに、ぬって食べました。驚きました。「なんじゃこりゃー」ってよろよろしました。「何これ？　ポークアスピック？」「作ったのは誰？　何者？」お礼をいうのも忘れて、スタッフに詰め寄りました。

話を聞くと、どうやら飲食店とは取引していない、町のお肉屋さんでした。うちは無名の喫茶店です。接点は、そのスタッフしかいません。どうやって交渉していけばいいんだ？

とりあえず、お持ち帰り用のパック詰めビーフジャーキーなら、ベルクに置いてもかまわないと店主からお許しをもらったので、そのスタッフに毎回買ってきてもらいました。それが一年くらい続いたと思います。

その店の店主にホットドッグのソーセージをぜひ作って欲しかったのです。もちろん、そのためにはクリアしなければならない問題がいくつもありましたが、職人にとって、商品は単なる商品でなく、自分の分身みたいなものです。その分身がどう扱われるかが、一番心配だったんだと思います。その間、直接伺ったり、お電話したり、お手紙したりして、自分たちがどんな人間か、ベルクがどんな店か、なるべく小まめにお伝えしました。

自分たちがどんな人間かを伝える。これが大事です。

彼女の家に行って、お父さんに「娘さんをお嫁にください！」とお願いする男の人の気持ちがわかりました。

■職人をくどくには？

ただ、職人と彼女のお父さんとが違うのは、職人は彼女のお父さんでありながら、彼女自身でもあるという点です。何ともやっかいな、いえ、ぶつかり甲斐のある相手なんですね。女性をくどくには、押してもだめなら引いてみるとか、いろいろ駆け引きもあるでしょうが、基本的にはほめ称えることでしょう。ただし、あることないことほめても、かえって白けてしまいます。

職人の場合、的確なコメントで相手の創意工夫と努力を称える。これにつきます。そのためにも試食を繰り返し、その味を自分で語れるようにしておかなければなりません。またそれが、食材を扱うときの愛情にもつながります。

■本場よりおいしい塩加減

ベルクのために作ってくれたソーセージは、その後、本場ドイツのコンクール（IFFAコンテスト）で厳しい基準をクリアして、見事金賞に輝くことになります。職人の名は河野《こうの》仲友《なかとも》氏。本人は、本場より美味しいと自負しています。

そのポイントの一つは、塩加減だろうと私はひそかに確信しています。自然食のソーセージは薄塩が主流です。私も、薄味というだけでありがたみを感じる人間ですが、実際に口にしてみると、やはり塩加減なんですね、大事なのは。薄ければいいというものではない。ちょうど海水のような。海水より心持ちまろやかな。体液に近いといいますか。私が海のそばで生まれ育ったせいか、海の味は懐かしい感じです。私たちが海から生まれたのを物語るように、肉と塩のバランスにはときに神秘すら感じます。

肉を最大限に生かすのは塩といっても過言ではありません。

例えばベルクの生ハムは、日本酒にもバッチリ合います。まろやかな舌触りと、このちょっと強めの塩加減が旨みを存分に引き出し合います。ベーコンは、逆に一般のベーコンよりも薄塩です。ほかのベーコンの塩が強過ぎるのですね。せっかくの肉の旨みが消されてしまいます。旨みを生かすギリギリの塩加減。塩加減が足りないと、急に気が抜けたものになってしまいます。過ぎてもダメ。

ドイツで食べたソーセージよりおいしかった、とよくお客様からおほめの言葉をいただきます。湿気の多い日本の風土に、この塩加減が合っているのかもしれません。パリッとした歯ごたえ。凝縮した旨み。ほとばしる肉汁。パリパリでジューシー。パンとのバランスも抜群です。結局は、バランスが命。

レバーが生まれてはじめて美味しく食べられた、という声もよく耳にします。それまでレバーが苦手だったにもかかわらず、と。豚を一頭買いで丸々使うので、レバーパテにはほっぺたが混ぜ込まれています。しかも新鮮。さわやかでさえあります。

■パン屋は工場が大きくなると味が変わってしまう……（泣）

オープン当初からお付き合いしていたパン屋さんは、途中で工場が大きくなりました。大量生産に切り替えたんですね。パンの味が変わりました。

次にお付き合いしたパン屋さんも、途中で工場を作り、パンの味が変わりました。規模が大きくなるだけなら万々歳なのに、余計なものをパンに入れてしまう。しかも入れたとは教えてくれません。

ベルクへようこそ
サービス
ーニングセット
¥380(¥399)
ーニングミール
¥450(¥472)
ーニングプレート
¥450(¥472)
ソーセージ職人 河野仲友
コーヒーソムリエ 久野富雄
パン職人 高橋康弘
BERGのこだわり
味の好みは人それぞれでしょうが、BERGは、毎日飽きずに安心して口に出来るものをモットーとしております。だから鮮度は勿論のこと、素材も自分達の惚れ込んだ職人と手をとりあって製造段階からこだわります。
ビアテイスターと唎酒師《ききざけし》のいる店
ビールの他にも、厳選したワイン
ギネス品質管理責任者ピーターコール氏指導の元、パーフェクト・パイントをお楽しみ頂けます。
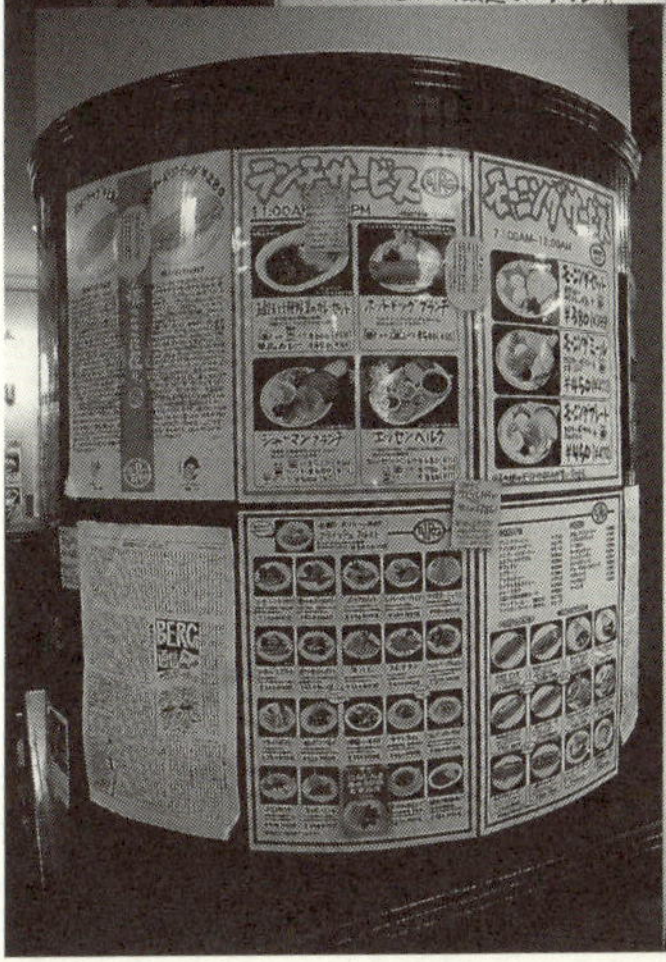
BERG
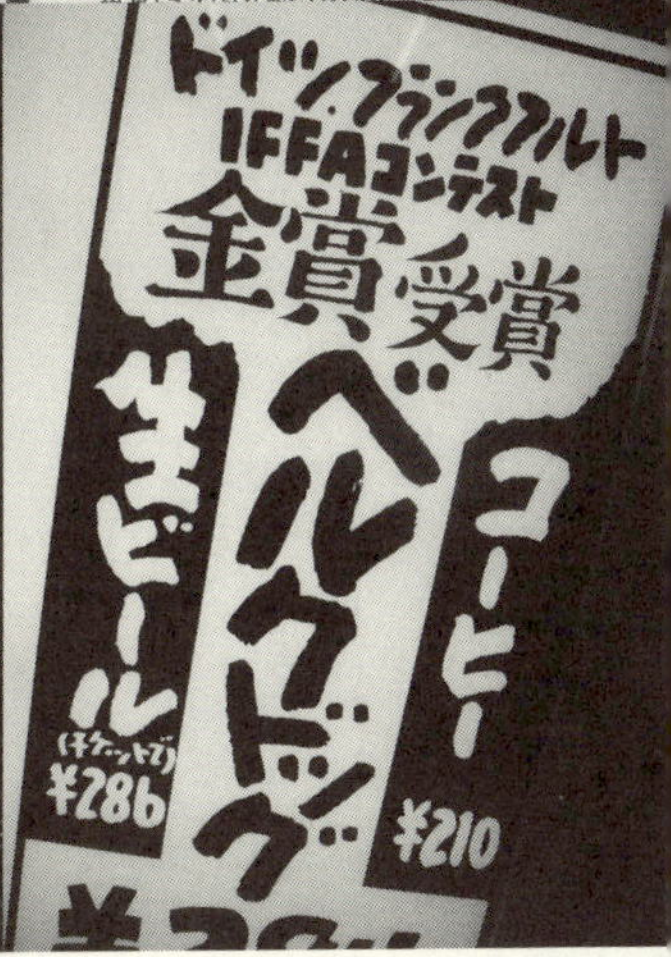
ドイツ、フランクフルト
IFFAコンテスト
金賞受賞
ベルクドッグ
生ビール
¥286
コーヒー
¥210

ある日、アレッ？　と思いました。毎日、口にしているからわかるのです。何かおかしい。でも、何？　と問いかけたくらいでは、「そんなはずはない」とかわされます。明らかに成分が違う！　と激しく詰め寄れば、やっと、「じつは少し○○を入れまして……」となります。○○とは、例えば保存料だったりします。

自分の味覚に絶対的な自信がないと、そこまで問い詰めることはできません。それを鍛えるのが現場です。日々の現場。現場に入るとはそういうことです。

保存料は抜いてくださいと頼んでも、工程に組み込まれているからいまさら無理、と事務的に断られました。質が落ちたのがもう致命的ですが、日々の味について職人とのコミュニケーションがとれなくなったのが決定的でしたね。

■パン職人の素朴な疑問

パンの市場調査をしたときは、東京中のパンを食べ歩きました。パンは一見さっぱりしていて、体調が悪くても食べやすいイメージがありますが、食べると結構もたれます。サンドイッチにはバターやマーガリンがたっぷり、菓子パンには白砂糖、ほかにも着色料や保存料などの添加物がビシバシ入っています。さんざん苦しい目に遭って、だいたい見たり匂いを嗅いだりするだけで、そのパンがやばいかやばくないか、判別できるようになりました。

モーニングサービスで使っている酒種天然酵母の「山型食パン」は、いわゆる食パンよりも少し酸味があって、噛むと甘みがあります。匂いを嗅ぐと、そのままマスクにして使いたいくらい。市販の食パンのなかには、いつまでも柔らかい状態を保つよう乳化剤を入れているものもあります。

「毎日食べるご飯に薬を入れますか?」パン職人の素朴な疑問です。パンもご飯と同じ主食です。主食まで薬漬けにしてしまっていいのでしょうか。

そもそもベルクでは、パンはその日のうちに売り切ります。保存料は必要ないのです。

■パン屋が私を呼んでいる

現在お付き合いしているパン屋さんは、パン職人・高橋康弘氏が作っています。うちのスタッフでもあった写真家が町を撮影していて偶然見つけました。何とベルクの近所です。行ってみると、さすが写真家が見つけた場所と思いました。同じ新宿区内ですが、いいところにあるのです。何とも風情のある商店街。近くに神社があって。これは撮りたくなります。

カメラを持ってうろうろしていると、急にフワーッと良い匂いがしました。匂いに誘われて行くと、思った通り、教えてもらったパン屋さんにたどり着きました。天然酵母のパン屋さんですが、もう酵母が棲みついているのでしょう。そういう空気がありました。さっそく買ってきたパンを神社で食べました。そして深呼吸しました。

■職人とのコミュニケーションが楽しい

現在、ベルクにはホットドッグのパンをはじめ、モーニングのパン、バケット、黒パン、さまざまな天然酵母のパンが並んでいます。店が同じ新宿で近いこともあり、お互い思いついたらすぐに会って話をします。しかもお互い気が早いので、翌日には新サンプルができて、新商品誕生ということもあります。

サンプルの感想をいうときに、例えば舌へののりぐあいを言葉にします。普通そんな些細なことは胸のうちにしまっておくのでしょうが、いったらなんて答えるだろうという好奇心が勝ってしまいます。職人とは、舌の細胞レベルで話ができて楽しい。

■生産者の顔写真を掲げた最初のお店

デパートの野菜売り場などに生産者の顔写真が掲げられているのは、いまでは当たり前の光景になりました。最初にあれをやったのはベルクさんだよね、といわれて、そういえばそうだと思ったことがあります。

確かにベルクは、一〇年以上前から店にコーヒー、パン、ソーセージの作り手・担い手たちの写真を飾っています。当初は非常に珍しかったと思います。

彼ら職人たちと出会うまでは、パンにしろソーセージにしろ、工業製品に近いものを使っていました。しかし、その材料がどこからどうきて、どう作られているかが明らかでないのは、普段自分たちが口にするものだけに、奇妙な感じがしました。そもそもそんな得体の知れないものをお客様に提供すること自体、飲食業を生業《なりわい》う者として、どこかまっとうな感覚を麻痺させないとできないことなのです。

ベルクの食を支える三大職人、コーヒーの久野富雄《ひさのとみお》氏、ソーセージの河野仲友氏、パンの高橋康弘氏。彼らとは製造段階から綿密な打ち合わせをします。お互いの現場も何度か覗き合っています。そのことは、私たちに大きな意識改革をもたらしました。

何といっても、一緒に何かことを起こしてやろうという共犯意識が芽生えました。微妙なことまで話が通じやすくなった。あとスタッフに食材への愛情が芽生えた。当たり前なことですが、いまの世の中当たり前のことが当たり前でなくなっているところに何ともいえないやり切れなさを感じます。

ベルクの三大職人は、個人店の店主でもあります。つまり、ベルクは個人店同士のネットワークで成り立っている、ともいえるのです。

■優秀な職人との出会いが店を変える

三人とも、世界レベルから見てもトップクラスの腕前をもつ職人さんたちです。

自称世界一だが、本場でもそれを確かめてみようと、河野氏はドイツのソーセージコンテストに出場しました。ほかの出場者たちがコンテスト向けの特別メニューを用意するなか、あえて毎日ベルクのために作っているソーセージやハムで勝負し、見事金賞を獲得しました。

高橋氏は、子どもたちが審査員をつとめた「TVチャンピオン」というテレビ番組のパン職人選手権に出場、成長期の子どもたちのために身体にやさしい全粒粉のパンで勝負しましたが、砂糖をどっさり使った菓子パンに敗れてしまいました。でも、そのやさしく包まれるようなおいしさは天下一品です。

皆さんとは、それぞれに忘れられない運命的な出会いがありました。

お付き合いさせてもらうまでにも、山あり谷ありでした。皆さん、お金で話がつくタイプの人たちではないですからね。お互い、同志（食の共犯者）と認め合えるようになるまで、それなりの道程があったのです。その代わり、一度同志になれば、結束は固い。

こうした職人さんたちとの関係もまさに長期熟成されたコラボレーションなのです。

■新商品のタイミング

「フィンガードッグ」を開発したときは、いよいよ日本でもこういうことができる時代になったか、と感慨深かったものです。硬いパンをずっと使ってみたかったのです。

日本では柔らかいパンが主流です。硬いパンはなかなか受け入れられません。が、近頃はワインが日常で飲まれるようになり、クセのあるチーズが売れるようになった。それだけ消費者の嗜好が多様化したということです。売り手の私たちも、それに乗じて遊ばない手はありません。例えば、硬いパンを使って何かできないだろうか。食事だとまだ抵抗があるだろう。でも、おつまみならありかも、と。

この思いつきをパン職人の高橋氏に相談しました。このくらいの大きさで、こんな形で、ハムやサラミや濃厚なチーズをはさんで、噛んだときにしっかりと噛み応えがあって、食事というよりおつまみ感覚で、ワインに合って……。ふと職人の手を見ると、その大きさがまさにイメージにぴったりでした。グローブみたいに大きな手。そうしたら職人が、「フィンガードッグ」ですねと。ネーミングも一瞬にして決まりました。片手で持てるフィンガーフードという意味もあるのですが、職人の大きな指のイメージです。

その日のうちに三種類のサンプルが届きました。しっかりしたライ麦タイプ。白くてやさしいフォカッチャタイプ。個性派の全粒粉タイプ。パンによってはさみたい具も変わります。でもやっぱり「硬いパン」のライ麦タイプでいこう、と。作るのに一番手間がかかりますが、決まれば職人もこころよく引き受けてくれます。その週末には、新商品としてお客様にお目見えしました。おしゃれで女性向きのパーティー風ドッグ。並べたら、すぐに「かわいい！」と反応がありました。

■ベルクは小さなビアホール

ビア&カフェを名のるからには、ビールはコーヒーと並んでベルクにおいては重要な商品です。

いままでは、ベルクを小さなビアホールと思っていらっしゃるお客様の方が多いくらい、ビールメインの店になりました。もともと、コーヒーショップは夜が弱く、アイドルタイム（暇な時間帯）対策として生ビールを始めたのですが、いつの間にかその夜が最大のピークになったのです。

おつまみが充実したのも大きいでしょう。ビールの種類も増えました。副店長の撮った生ビールの写真が、店内の電飾看板となって一日中光を放っているので、モーニングを召し上がる通勤客にも、すでに朝から強烈に脳裏にインプットされ、夜また戻ってていらっしゃるのかもしれません（帰巣本能が植えつけられている？）。

ベルクは、朝と夜ではまったく違う店です。朝は黙々ときびきびしていますが、夜はざわざわとくつろいだ雰囲気です。ところがよく見ると、朝と夜のお客様の顔ぶれはかなりだぶっています。通勤前にベルクでコーヒーを飲まれ、仕事上がりにまたベルクでビールを飲まれるのですね。

■どこにでもあるビールでいかに差をつけるか？

地ビールは、ずっと気になってはいたものの、ベルクのような大衆店で定番にするには味や価格・管理の点で非常に難しい商品でした。が、ここ数年、品質が飛躍的に向上し、種類も充実してきて、いまでは特別メニューとして、海外の珍しい樽生と入れ替わりでお出しするようにしています。楽しみにされるお客様も増え（ファンの間では、「ゲストビール」と呼ばれています）、ロスが出なくなったのです。

といっても、まだまだビールは、なじみのある味が一番求められており、うちでも定番の樽生は、大手のサッポロビールを仕入れています。

ただ、なじみのある味にも微妙な差異があります。鮮度や注ぎ方（泡の状態やガスの抜け具合）、グラスの洗浄のし方、管理状態（毎日サーバーを洗浄しているか）によって。その差異にこだわってきたからこそ、珍しいビールを扱うようになってからも、珍しさばかりに浮かれて、基本的なことを怠るというようなことがなかったのでしょう。

とくにベルクで日々実践しているビールの三度注ぎ（一杯のビールを三回に分けて注ぐ）は、どのスタッフも社員やベテランスタッフから手取り足取り教わります。マニュアルではどうしても伝えきれないコツや極意があるのです。ベルク直伝というやつですね。

それにしても、いまベルクには海外からも国内からも、さまざまなビールが届きます。ビールの方からやってくるのです。うちのビアテイスター（社員）が、「ビールの神様がついているのか？」と思うほど。うちにはコーヒーの神様、ソーセージの神様、パンの神様、いろいろな神様がついているのですね。もちろん、メーカーや業者さんから売り込みがあるのですが、その理由も「新宿でビールといえばベルク、ベルクを知らなければもぐりといわれて、あわてて連絡をとりました」だったりします。

場所柄、商品の売り込みは絶えません。ただ、皆さん、この場所（新宿一等地）に頭を下げているのであって、私たちにではない。カンチガイしないようにしようと戒めてきました。

私たちが商品に関して押さえるべきことは、結局、基本的な知識とか品質管理とか、そういうことです。それさえ守っていれば、信用につながります。この場所だからでなく「ベルクだから」と業者さんにいってもらえるのは、だから本当に嬉しい。ありがたいです。

スタッフも仕事上がりには、ビールが飲めることにしています。新人はそこでビールの注ぎ方を練習することになります。自分で飲むので、注ぎ方による味の違いもわかります。仕事後のビールの味は格別ですね。

■ピーター・コール氏（ギネス品質管理責任者）に指導してもらう

アイルランドはアイルランド人のもの。アイルランドからイギリス人を追い出せ！とあまりに直球過ぎる歌で、イギリス中のひんしゅくをかったのはジョン・レノン。一昔前なら、ビートルズもギネスビールも単純にイギリス産と思われていましたが、いまではリヴァプールはアイルランド系移民の町として知られていますし、樽ギネスは日本でもアイリッシュパブで飲むというイメージが定着しました。

樽ギネスは、店で仕入れるというより、仕入れさせてもらうという意識です。管理がきちんとできるかどうか、メーカーのチェックをパスしないと扱えないのです。樽ギネスのある店というだけで、ステイタスになる時代もありました。ハクがつくというやつですね。

このようないわゆるスーパープレミアムビールは、いまでは国産ものでもいろいろあって、ブームのようにヒットしています。ベルクでもいくつか扱いました。なかにはメーカーと共同開発したものもあります。日本では樽ギネスがその走りですね。

ベルクで樽ギネスを扱うことになったときは、もう店じゅうが色めき立ちました。ギネス社の品質管理責任者ピーター・コール氏から直接厳しい指導を受けましたが、スタッフはお祭り気分でしたね。

ところで、アイルランドには「クラック」という独特の表現があります。これは翻訳不可能といわれますが、どうやら良い酒、良い音楽、楽しい仲間たち、新しい友人に出会えそうな雰囲気をひっくるめて「クラック」というようです。その話を聞いて、アイルランド人が何を必死に守ってきたのかが、わかるような気がしました。

新宿という場所がら、朝からビールという方もたくさんいらっしゃいます。モーニングを食べるサラリーマンの横で、夜勤明けのガードマンや歌舞伎町から流れ込んできた人たちがビールやワインを楽しむ。ベルクでは当たり前の光景です。

¥630
¥399
¥420
BERG

お店の雰囲気を作るのはインテリアではなく接客

■自然な接客をしたい

飲食業に就くとは夢にも思わなかったので、私の接客も自己流というべきものです。自分たちのオリジナルの店なので、きていただけるだけでありがたい。という気持ちから、「ありがとうございます」がマニュアルでなく、自然に口をついて出るのです。

一八年間も自然体で同じことが続けられるかって？　いや、でも実際、飽きない。不思議なことに。飽きっぽい私が、そういうのですから間違いない。もっとも、ベルクのような低価格の店ならではの、接客の難しさを実感するようにもなりました。

お客様は、「様」がつくからには、王様のようにエラい。王者にふさわしい風格と気品を！　とつい茶々をいれたくなるくらい、低価格の店をご利用になるお客様は、安さへの気安さからか、気後れからか、お客様モードになるきっかけもつかめず、しょうがなしにいま自分はここにいる、という感じでいらっしゃる方が多いのです。とくに、初回の方に。

そのどこかなげやりな、諦めきったお顔に少しでもひるんだら、こちらの負けです。明るく「お一人様ですか?」といった接客ワードで、相手を無理やりお客様モードにさせる。あるいは相手もつられて笑いそうになるほどの満面の笑みが、接客の最大の武器になります。ただ、その笑顔を裏づけるものがないと、長く続けるのはしんどいですね。

笑顔を裏づけるもの。それこそが商品です。自信を持ってお出しできる商品。それさえあれば、あらゆる不幸を背負ったような人を前にしても、にっこり笑い、「貴方はついている」と一言いえばすむ。その笑顔は、ただの愛想笑いではない、自信に満ちた最強の笑顔です。いや、あまり不敵な笑顔というのもどうかとは思いますが、とびきりのコーヒーをご用意しています、よろしければ、どうぞといった笑顔。

もちろん、「ありがとうございます」や「いらっしゃいませ」「恐れ入ります」といった接客の基本用語は、スタッフには義務として機械的にでもいってもらいます。新人には唯一の重要任務です。ベルクのような日常使いの店にも、ちょっとした非日常感を求めるお客様はいらっしゃいます。「ちょっとした非日常感」とは、「家庭ではなかなか体験できない感覚」のことです。コーヒー一つとっても、単にうまいというより家では飲めない味、いわゆるプロの味でなければ本当は店に入る甲斐がありません。専門的な知識や熟練した技術を要するのです。でも「いらっしゃいませ」は、誰にでもいおうと思えばすぐいえる言葉です。そのくせ家ではめったに聞けない。その一言で、お客様はもてなされている感じがし、「ちょっとした非日常感」が味わえます。こんな便利な魔法の言葉を使わない手はありません。

■「うらぶれた雰囲気」になるも「店の味」になるも接客次第

例えば、どんなに掃除をゆき届かせても、手入れのしようのない壁のシミとか、年季の入った床とか、そういう汚れや傷みが店にはあります。それらが、「うらぶれ」の要素になるか、「店の味」になるかも、多少の工夫と演出により決まるのです。

とにかく店にとって最大の敵は、(食中毒を別とすれば) だれた、だらしない雰囲気です。それほど、お客様を不安にさせるものはありません。そして、それを打ち壊すのが、スタッフのきちっとした身だしなみだったり、きびきびした態度だったり、ハキハキした声だったりするのです。

何事にもイメージと実質があり、店はさしあたってイメージを優先せざるをえない面もあります。

厨房に入ったら、スタッフはまず手を洗う。ベルクは、オープンキッチンですから、厨房内の作業も、すべてお客様に対する演出効果につながります。新人で、まだ実質がともなわないうちは、とくにイメージ先行でいくしかありません。形から入る、というやつですね。どんなに慣れていなくても、お客様に向けては、あくまでもプロの調理人のようにふるまってもらう。ゴミなど、汚いものが手に触れたら、すぐ手を洗う。おどおどせず、きびきびと動く（新人のうちはそのフリをするだけでもOK！）。

■接客の腕が試されるとき

接客の腕が一番試されるのは、お客様に対して何かミスや失礼があったり、何らかのトラブルがあった場合だといわれます。

オーダーされた商品が切れていたとします。これもちょっとしたトラブルですよね。「申し訳ございません」の後に、「あいにくそちらの商品は売り切れになりましたが、こちらの商品もおすすめですので、いかがですか？」と別の商品をおすすめすることも必要です。これはある程度商品知識がないとできない高度なテクニックですが、たとえお客様がその商品をお気に召さなくても、ちゃんともてなされている感じはすると思うのです。

それから、ミスやトラブルではありませんが、**お客様に何かうかがう場合は、なるべくYES（でなければNO）で答えられるようにうかがう。**

例えば、「(セットの)お飲み物はコーヒーでよろしいですか?」とか「お砂糖とミルクはお一つずつでよろしいですか?」とか、「(セットで)アイスコーヒーですと、五〇円増しになりますが、よろしいですか?」とか。……「五〇円増しになりますが」で切れてしまったら、店の都合としか聞こえませんから、YESとは答えにくい、むしろ「じゃあ、いい!(いらない)」といわせているようなものです。

では、何らかの理由で、調理が三分ほどかかるとします。その場合、どう申し上げるべきでしょう。「三分ほどかかりますが、よろしいですか?」より、もっと**YES気分にさせる言い方**があります。「三分ほど、お時間いただけますか?」

NO(否定)でなく、言いまわしをかえてでもYES(肯定)があふれれば、それもまた、店の活気につながる、というわけです。

■ホームレスもお客様

ベルクのお客様には、新宿のホームレスの方もいます。えっそんなお店ヤダ! と思われますか? とりあえずは、ホームレスの写真も撮っている迫川の話を聞いてやってください。

＊

私(迫川)はベルクで土下座をしたことがあります。まだ店を始めたばかりで、いま思えば接客に慣れていなかった。接客くらいできるとカンチガイしていたころ、ともいえます。

少し変わった感じの男性のお客様。一見、ホームレスのような雰囲気。衣服は汚れていて、少し臭いも。ベルクはセルフサービスなので、レジで注文してお金をいただければ、あとはどうぞご自由に、の世界です。ただ、何時間も席をひとり占めされるのはさすがにきつい。狭い店で席数に限りがありますから。その方も座られてから結構時間が経っていたので、立ち飲みカウンターに移動をお願いしました。そのときはおとなしく従ってくださったのですが、少しして急に暴れ出しました。一人でしゃべり出したので、そばにいくと、Tシャツをギューッとつかんで離してくれません。何をいっているのか、よくわかりません。

お客様がお巡りさんを呼んできてくれました。座り込んでしまい、話を聞くと、どうやら移動させられたのが嫌だったらしい。足が痛かったらしいのです。お巡りさんも店の事情を察して、その方を説得してくれました。でも聞き入れてくれません。さあ困った。

ただふと、この人は自分が移動させられたことでプライドを傷つけられたのだと思いました。外見に関係なく、どんな方でも長居されていたら、次のお客様にお席を譲っていただくようお願いします。その人にだけ言ったつもりはないのですが、自分だけ……とひがんでしまったのかもしれません。そういうことに敏感になっていたのかもしれません。店の都合はさておき、傷つけたとしたら、なんだかかわいそうになりました。何かがすーっとふにおちました。とにかくこの人の気分をそこねたことを素直に謝ろうと思いました。

お互いにもうしゃがみこんで話していたので、その流れでというのもありますが、土下座して謝りました。お巡りさんもそのお客様もびっくりしていました。さすがにお巡りさんが「ここまでしてくれているのだから」と。その人も急に「いやわかってもらえれば」と。生まれてはじめての土下座でした。でも私の中で何かが変わった瞬間でした。腹が据わったというか。

■新宿西口のホームレス

その三年後、都庁に向かう通路から強制退去させられたホームレスたちが、西口地下広場にダンボール村を作りました。これはもう写真を撮るしかないと思いました。

一年間、毎日通いました。ホームレスのことが、それまでも何かと気になっていたのです。ときおり店の前に座っていたり、中に入ってきたりしましたが、なかなかどう対応していいのか悩みました。彼らのことをある意味、特別視していたのでしょう。恐れてもいました。わからないから怖かった。

でも、ダンボール村はもう村ですから、まずは訪れてみようと。そうしたら、村の人たちから招いてもらえるようになりました。彼らは私たちとなんら変わらないことに気がつきました。同じ一人の人間です。

いろいろな話を聞かせてもらいました。それは一冊の本になるくらいの内容です。彼らと話しているうちに、ある共通したものを感じました。無口な人もいれば、饒舌な人もいますが、どの人も独特の話しやすさがあるのです。良いことか悪いことかはわかりませんが、本当にさまざまな事情で彼らはここにいて、お互いに触れて欲しくないところは触れないようにしている。それ故か、相手の嫌がることを絶対にいわない。そういうカンが身についている気がします。また相手が自分にとって敵か味方か即座に見分けるようで、味方でないとわかると、相手の視界から消えてしまいます。

工事現場で働いてきた人が多く、彼らにとってダンボールで家を作るなんて、お茶の子さいさいです。作る手順を写真に撮らせてもらい、店で展示したこともあります。いざとなれば、私も作れます。

どう見てもホームレスの常連さんが、しばらく見えないと思ったら、突然こざっぱりした姿でいらっしゃいました。つい「お久しぶりです」と声をおかけしました。その方は「仕事が決まった」と恥ずかしそうにおっしゃいました。その次いらっしゃったときは、スタッフにおみやげまでいただきました。かと思えば、背広姿のお客様が、髪といいいでたちといい、だんだんホームレスの雰囲気を漂わせるようになり、ある日またもとの背広姿に戻られたこともあります。その間、一貫してベルクの常連さんとしてお店に通われたわけです。場所柄、こうしたお客様と接する機会が多い。そのせいか、ホームレスっていう人種がいるのではない、というごく当たり前のことに思い当たりました。それは個人としての人生のあり方で、いろんな事情があるのでしょうが、たまたまいま、家がないということじゃないか。

日本では「住所不定」というだけで、仕事にありつけなくなります。そこが問題なんだけど。高層ビルや高速道路を命をさらして作ってきた方たちを、年老いたり病気になったからといって、一方的に用済みにするのはあまりに都合の良過ぎる話だと思います。「明日は我が身」と考えると、余計、ホームレスとひとくくりにして、白い目で見るなんて、できなくなります。

■知れば知るほど入店拒否なんてできない!

店によっては、ホームレスというだけで入店拒否するところもあります。身なりが汚れていると、とたんに人は冷たくなるものです。ましてや店の立場だったら、無難にすますためにも、入れないようにするでしょう。

ただ私自身は、ダンボール村に通うようになってから、店でも彼らへの対応が変わりました。まず違うのは、むやみに怖がらなくなったことです。そして、はっきりとこちらの考えを伝えられるようになりました。例えば、店の前で寝ていたら「時間ですよ」と起こしたり。以前だったら、ガードマンを呼んでいたでしょう。ダンボール村で知り合ったホームレスたちが、いまでもお客様としていらしてくれます。私も、お客様として過ごしていただきます。ホームレスだから特別扱いしたり、拒絶したりするのでなく。当たり前ですね。その当たり前のことに気がつかなかった。線引きしていたのはこちらの方だったのですね。そのお客様にもそれが伝わってしまったのかもしれません。あのとき謝ることができて本当に良かったと思います。

本当の接客とは、その人の不安を取りのぞいてあげることではないか。

心から迎え入れてあげる気持ちが相手に伝わる。

たとえ営業上こちらに非がなくても、お客様が嫌な思いをしたとしたら、それは申し訳ないと素直に感じて、その気持ちを表わすことが大切なのではないか。

店を自分のものだと思ってはいけない。

経営者はとかく店の都合を優先させてしまう。

でも、店はお客様のものだという意識も必要。

店はみんなのもの。
自分もその一員。

＊

■チェーン展開できない理由

ベルクがチェーン展開しないのは、いえ、できないでいるのは、私自身、経営者が現場に立つべきという信念をいまだに捨てきれずにいるからです。単に現場が好きというのもあります。支店を増やさないのではなく、現場を選んでいるといった方が正確かもしれません。チェーン展開は、現場で働くのとはまた別の事業です。両立させるのが難しい。

自分が（あるいは誰かが）本部になって、その事業に専念するしかなくなります。スタッフが増えると、どうしてもその選択を視野に入れざるをえません。現場に残るべきか退くべきか。いつもその問いが私に突きつけられているといえます。ただ、いまのところ、退く気にはなれない。失うものが大き過ぎる気がして。未練たっぷりです。

ただ、何らかの形で「現場」を増やそうとは考えています（ベルクのちょうど真上は、何もない新宿のエアポケットなので、一階二階と増やしていくとかね）。

現場主義といっても、それがお客様の方を向いた「現場」でなければ意味がありません。そうでなければ、ただ惰性に流されるだけです。そういうときは、本部が必要かもなぁと思うこともあります。多少、現場の状況を無視してでも、問題点をズバッと指摘してくれる存在が。

ただ、いまのベルクは、お客様が本部と思うしかありません。厳しく叱ってくださるお客様が結構いらっしゃるので。そういうお客様を大事にしないといけませんよね。あとはもういかに初心に戻るか、です。それは絶えず課題です。

■現場主義かマニュアルか？

経営者が現場の最前線に立って店をまわすことを、私たちは「現場主義」と呼んでいますが、それにはプラス面とマイナス面とがあります。両面があるというより、経営者によって、うまくもいけば裏目にも出るということですね。私自身、現場をアルバイトにまかせた方がいいと思うことがあります。

バイトスタッフは、余計なことを考えないので、わりきって働いてさえもらえれば、かえって経営者よりいい接客をするからです。

例えば四人席を一人客が陣取っているのを見ると、経営者はそのお客様をつい別の席に移動させたくなります。それをマニュアル化して、スタッフにやらせているところもあります。確かに席を空けておいた方が、団体客がきたときに案内しやすい。でも、その一人客が帰るまでに団体客がくるとは限りません。経営者は席にしろ何にしろ、店そのものが自分の商売道具という意識が強いので、愛情はあるのでしょうが、思惑と違った使われ方をされるのが許せないのです。相手がお客様であっても、つい手を出したくなる。

しかし、それでは経営者が現場にいても、いることにはなりません。なぜなら、現場とは接客だからです。接客をしないで店をまわす経営者は、むしろ現場を邪魔することになります。裏目に出るとは、そういうことですね。

■現場では経営をしない

「接客をしないで店をまわす」とはどういうことかというと、経営者の思惑（効率）優先で動くこと、そして同じことですが、面倒事を想定して事前に回避しようとすることです。

四人客がくるのを想定して一人客をあらかじめ四人席から移動させておけば、四人客がきてから移動するよりスムーズです。しかし、そこで無視されているのは、いま店にいるお客様の気持ちですね。四人客が実際にきて移動させられるなら、まだそのお客様も納得がいくでしょう。

しかし、いま店にいる自分のためでなく、くるかどうかわからない誰かのために席を移動させられるのは、なんとなく不当な扱いを受けた感じがします。だから店によっては、予約席と表示して、最初から四人席に一人客を座らせないようにするところもあります。ただレストランならまだしも、うちのような大衆店がそんなことをしても、嫌味でしかありません。

いずれにしても接客は、目の前のお客様を気持ちよく受け入れることがすべてといってもいい。席は、一時でもお客様のものです。店が混んで座れないお客様がいらっしゃったら、はじめてそのお客様の代わりにほかのお客様にご協力を願う。死んだ席をよみがえらせる。それがいわば店の役目であり、接客ですね。

店の状況は、どんどん変わります。その度に頭を切り替えて、**お客様第一に動くのが店における「現場主義」**です。要するに、臨機応変な対応ですが、現場（接客）から離れると、その感覚が次第に失われるのです。だんだん管理しようとするようになります。**管理とは、まさに「面倒事を想定して、事前に回避しようとすること」ですね。接客とは相反するものです。**

■マニュアルではなく気持ちを優先した迷惑行為の対応法

お客様に恥をかかせない。それも接客における心得の一つといえます。例えば、よそから持ち込んだ飲食物を店内で召し上がっているお客様に、どう対応するか？「お持ち込みお断り」と貼り紙をしている店もあります。気持ちはわかります。経営者の立場からすると、飲食店で「持ち込み」が認められてしまったら、すなわち経営の危機を意味しますから。現場感覚でいっても、外の自動販売機で買った缶コーヒーを席で飲まれたら、何のために一杯のコーヒーに全神経を注いでいるのかわかりません。店にとって「持ち込み」はトップクラスの迷惑行為です。

ただ、私は「お断り」とか「ご遠慮」という否定的な表示をするのはなるべく避けたいのです。表示は不特定多数の方に向けられるからです。

そういう表示をしなければしないで、それを盾に逆ギレするお客様がいらっしゃいます。「どこにも表示がないじゃないか」と。それを恐れて店は表示するのでしょうが、そういうお客様は数からすればごく少数ですし、その少数の方のためにわざわざマイナスオーラの出る表示をする必要はないと思います。

また逆ギレするお客様はなぜするかというと、恥をかかされるからです。持ち込みをしないでくださいというのは、いくら相手に非があるとしても、またこちらが頭を下げてお願いしても、いわれた方は公衆の面前で叱られているのと同じです。鬼の首でも取ったように指摘する店員もいますが（気持ちはわかります）、いっていることは正しくても、お客様の気持ちに対する配慮が欠けています。

では見て見ぬふりをするのか？　私なら、まずちょっと様子を見ますね。あまりにもあからさまな場合は、ほかのお客様に気づかれないようにそっと店の食器を差し出し、持ち込んだものの中身だけをそちらに移していただくようお願いします。そのときに、一応（建て前上）お持ち込みはご遠慮いただいておりますので、もとの容器は隠していただけますか？　と食器を代えていただく理由を申し上げるのです。そのお客様は恥をかかずに自分がルール違反していることに気づくことができますし、その場の持ち込みはこっそり認められるので、特別扱いを受けたような得したような気持ちにもなれます。

店には店の都合がありますが、それを通すにしても、いかに通すかです。そこで接客の腕が試される。まずお客様の気持ちが何よりも優先されなければなりません。

もちろん、「お客様の気持ち」といっても、百人百様で、良かれと思ってやったことが裏目に出る場合もあります。

いつも完璧にスマートな接客なんて、ありえないんですね。少なくとも、ノウハウとしては。そういう意味では、一瞬一瞬が勝負です。それが人間相手の仕事の面白さであり、難しさでもあるのですが、**押さえておくべきことは、相手の立場に立つこと、そして立ったつもりでじつは立っていないことはいくらでもありうるということです。**

失敗はなるべく避けたいですが、恐れるくらいなら失敗した方がいい。むしろ失敗したという認識が大事です。それが自分の経験になるからです。

■横柄なお客様もいるけど

お客様から蔑《さげす》まれていると感じたら、それは大概、お店側の被害妄想です。確かに、横柄なお客様っていますよ。あわただしい新宿のセルフの店です。でもお客様に愛想を求めるのがおかしいですし。

ベルクのような店だと、安いというだけで、そんな店を利用している自分に後ろめたさを感じるお客様もいるのです。とりあえず安そうだから入ってみたというお客様です。初回の方はとくにそうですね。お店にはなんの期待もしていない。渋々コーヒーを一口飲んで、ん？　おいしい！　となったら、その方はラッキーと思うでしょう。さすが、お客様！　お目が高いというのがこの場合、決めゼリフ。こんなにたくさん店があるなかから、当店を選んでいただいたわけですから。

そうなると、お客様の後ろめたさもだいぶ薄まります。最初のお顔のこわばりが多少でもほころべば、しめたもの。その変化を見るのも、私たちの楽しみの一つです。

そりゃ、やたらいばりたがる人、いちいち難癖つけたがる人、いろいろいらっしゃいます。でもある意味、それはお客様の個性です。気持ちよく利用していただくことさえ心がければ、またいらっしゃってくれますし、トラブルに発展することもまずありません。

ごくたまに、明らかな嫌がらせというのはあります。憂さを晴らすのが目的なのか……。ほかのお客様の迷惑になったり……。はっきりいうと営業妨害に当たる行為をするお客様は、もうお客様ではありません。ただの酔っ払いなら、お客さん！　出口はこちらですよ、大丈夫ですか？　お気をつけて！　とリズミカルに退場させればいいですが、よほど悪質なら、ためらわずにお巡りさんを呼びましょう。困ったときは、助けてもらえばいいのです。彼らはそれが仕事ですから。

さまざまな人間模様が、断片的にですが、ここにいると見られます。まさに社会の縮図ですね。

■お客様を立てるためのウンチク

そういえば、毎朝モーニングのメニューを見るたび、「変わりばえしねぇな」とため息をつく年配の男性客がいました。文句をいってるわりには毎日きてくれる。よくよくうかがうとそれはクレームではなく、照れ隠しでした。安い店でいつも同じもの（ベーコンのモーニング）を頼む自分が恥ずかしかったようなのです。そういうときこそ、さりげなくウンチクをたれるのです。「うちのベーコンは手作りでスモークにもこだわりがあって、毎日食べても飽きないんですよ」と。それからその方は、心なしか堂々とベーコンのモーニングを注文するようになりました。

ウンチクというのは鼻につくこともありますが、使いようによってはお客様を立てるサービスにもなるのです。

■接客はゆとりから生まれる

もちろん、現場での臨機応変さは、プロとして当然求められる技ですが、秘訣をあえていえば「横綱相撲」のイメージで接客すること。

「横綱相撲」とは、どんな相手がどんなふうにかかってきても、がっしり受け止めて差し上げること。それには懐の深さといいますか、心身ともに余裕がないと、擦り減ってしまいます。

私の場合、オフの時間をいかに過ごすかが、結構大きい。

なるべく自分の家は過ごしやすいように、常に整理を怠らないで、読みたい本がすぐ読め、聞きたい音楽がすぐ聞けるようにしておきます。ゆっくりくつろげる椅子もあった方がいい。うろうろ歩き回れる空間を確保しておきます。家を出れば、知らない街をうろついたり、遠い異国の映画を見たりします。仕事とはまったく別のチャンネル（避難所）をいくつも頭の中に作っておく。それらは私にとって、いつも新鮮な気持ちで余裕をもって仕事に取り組むのに必要なものです。

またどのチャンネルも、不思議と思わぬ形で仕事と結び付きます。チャンネル数が少ないほど煮詰まってきますね。だから、オフって大事なのです。最初から仕事のためと考えると味気ないですが、やっぱり結果的に仕事にも生きてきます。

コーヒーだけでも
是非お気軽に。
BERG

BERG
ベルク
アフリカン・エスプレッソのヴァリエーション
BERG

BERG

第2章　大手チェーンにできないことに価値がある

■フランチャイズがいい？

店を始めるにあたって、大手のフランチャイズでいくか、個人経営でいくか、一概にどちらが良いとはいえないところがあります。

統括する本部が必要なのでは？

いや、臨機応変な現場主義でいくべきでは？

結局、選択の問題かもしれません。お客様にとってもそうでしょう。チェーン店のサービスや味がたとえ標準化され、驚きや発見が少ないとしても、それはそれで割り切れば別に問題ありません。かえって、無難な安心感がある。その点、個人店は当たり外れが大きい。はじめて入るのは、一種の賭けです。掘り出し物ならラッキーですが、スカをつかまされるリスクもある。

いずれにせよ、ちょっとしたスリルとサスペンスが味わえます。どちらにも良さと悪さがあるということですね。

もちろん、私たち店側（選ばれる立場）に立てば、資本力のある大手と個人店とでは、個人店の方がはじめから圧倒的に不利です。しかし、それも短期決戦で考えた場合ですね。チケットの前売り制度が成り立つのは、日本とアメリカだけといわれます。名前を売ってから大量のチケットを一気に売りさばくというのは、じつに企業的な考え方です。

無名の個人店が、企業と同じことをしても意味がない。地道に口コミなどでお客様をつけて、ロングランヒットを目指せばいいのです。

余談ですが、有名なミュージシャンのコンサートに行くといつもうらやましいのは、あの熱狂的な一体感です。そこにいる人たちは、知らない者同士ですが、みんなそのミュージシャンのファンじゃないですか。

店にいらっしゃるお客様は、動機もさまざま、たまたま通り道にあったからという方が大半です。ある意味、店は、無名の個人店はとくに大道芸人に近い。最初は心細い気持ちになることもあります。「ベルクだから」わざわざきたというお客様がそのうち一人二人と増え、やじ馬もつられてくる感じになると、ばらばらでありながらどことなく不思議な連帯感が芽生えます。

むしろ店がお客様に守られている感じになります。そうなると心強いですね。実際に酔っ払って店内で物をふりまわす迷惑な人が現われ、何人ものお客様が体を張って店を助けようとしてくれたこともあります。もちろん、それは店がやるべきことで本当に申し訳なかったのですが、ありがたかった。そういう守られている感じは、一度味わうと病みつきになります。

選ばれる立場にあるというのは、しかも個人店ですと、確かにシビアだし、努力とアイディアと忍耐と運が試されるわけですが、長期的に見ればいくらでも可能性があるのです。

一番問題なのは、選ばれる余地すらなくなることですね。というか、店や店の業態を選ぶのが利用者や店ではなく、本来、場所を提供するだけの立場にある（その代わり、家賃をとる権利はあります）ビルのオーナーが、利用者や店に代わって店の命運を握るなんて、おかしくないですか？　ビルのオーナーだったら？　家主が借家人の家の中に勝手に土足で入り込んで、あれこれ指図するようなものですから。家賃をとるだけでは飽き足らないのでしょうか。

実際、駅周辺などはいまやチェーン店だらけで、個人店がどんどんなくなっています。もしチェーン店と比べて魅力がない個人店が消えていくのであれば、あきらめもつきます。そうではなく、はじめから企業が優先され、個人店が排除されているとしたら、それは選択以前の問題です。

数年前に近所に某大手レンタルチェーン店ができて、その影響で個人経営の本屋や貸しビデオ屋が姿を消しました。私も利用者としてそのチェーン店を選びました。無責任な言い方をすれば、その本屋や貸しビデオ屋が大手に真似できない個人店ならではの魅力ある店作りをしているとは思えませんでした。言うは易し、ですけれど。

単純に個人経営の店を守ろうということではない。
むしろ店が生きるも死ぬも、決めるのはお客様だということです。

非効率な食材と真剣に向き合う

■その食材が一番いい状態で美味しく食されるために全神経を張りめぐらす

新人スタッフに意識してもらうためにも、ベルクでは「食材を赤ちゃんだと思って」と口酸っぱくいいます。「赤ちゃんの上に物を置かないよね」「赤ちゃんをこんな熱いところに置きっ放しにしないよね」と。

実際、食材は生きています。一つ一つが違うし、日々変化します。それを見極めるのが、飲食店の仕事です。

賞味期限というのは、目安に過ぎません。それを決めるのは、むしろそれを扱ったり口にしたりする私たちです。見た目や匂いで判断すればいいのです。相手は生き物ですから。気が抜けません。その意識が飲食店には必要です。

■ベルクは自然食のお店ではありませんが……

自然食レストランというだけで、敬遠されることもあります。高い、薄味で病院食みたい、と。「自然食」をうたうには厳密な基準があって、それが足かせになるのかもしれません。お客様の目も非常に厳しいといわれます。

だからというわけではありませんが、ベルクは「自然食」という言葉を極力ひかえています。ただ、自然食レストランを紹介する本の編集者から、「ぜひベルクを」といわれ、一度だけ載せてもらったことがあります。うちはジャンクな商品もあるし、厳密な意味での自然食屋ではない、誤解の種になる、とお断りしたのですが、それでもかまわない、うまく紹介するからと説得されて。想像以上に反響は大きかったですね。混乱（クレーム）もそれほど起こらなかった。そのときはかなり新しいお客様がつきました。自然食はこんなに求められているのか、と実感しました。

■信じられるのは味覚のみ

大量の食材を効率よく、ロスを出さずに商品性を高めてさばくには、保存料や化学調味料、着色料のような化学薬品に頼らざるをえないというのは、理屈ではわかります。ただ、そのリスクについて、私たちは長い間あまりにも無頓着だったのではないでしょうか。大量生産・大量消費が、工業製品、電気製品のみならず食の世界にもはびこってきました。食材が、飲食の現場で本当に工業製品のような感覚で扱われているという現実があります。

一方、消費者にとって怖いのは、それに慣らされてしまったことです。若くて元気なうちはいいかもしれません。ただ化学薬品を体内にとり入れると、細胞は異物と認識できませんから、排出されずにとどまって、育ち盛りの体や弱った体に悪さをする危険性があります。少なくとも、赤ん坊やお年寄り、病人の口に入れるものではありません。

「化学薬品を細胞は異物と認識できない」と私は書きましたが、舌だけは認識できると思うのです。だから私たちは、味を重視します。表示よりも何よりも信じられるのは、自分の味覚なのです。麻痺させないためにも、日ごろの訓練と心がけが必要ですが。

バランス良く美味しいと感じられれば、身体にとってもバランスが良いのです。うまくいえませんが、化学薬品は味を固くしますね。

食材自身がこわばるのか。それは本物の味を味わえばわかります。薬品漬けではない、生きた食材には自然の奥ゆかしい甘みや透明感があります。味が固まっていません。むしろゆらいでいる。そういう体験がなければ、異物かどうかの判別も難しくなります。本物の味に出会える機会が少なくなっているとしたら、それが最大の問題でしょう。

皆さんも固い味には注意してみてください。

■カット野菜を使わない理由

賞味期限や成分の表示は、私自身、消費者の立場では気になるし、目安として必要ですが、一方であまり当てにならないと思うのは、すべてが表示されるわけではないからです。

ふと思ったのですが、ベルクではレタスは丸ごと買って、その場で洗って手でちぎってお出しします。当たり前なことですよね。

ところが、外食産業の世界ではカット野菜なるものが意外と重宝されているのを知って、問い合わせたことがあります。野菜の切り口が妙にきれい過ぎる。少しでも料理する人ならわかるはずですが、野菜は包丁を入れたところから、傷みはじめます。切って詰めているだけなら、こうはいかないだろう。調べていくうちに、薬品に浸しているのがわかりました。当然、うちではカット野菜は却下しました。自分がそんなもの口にしたくないですもん。

でも食材の仕入れルートがすべて明らかにならない限り、どこで何が起きているか、本当のところはわからないのです。

だからといって、神経質になりすぎても、かえって身がもちませんが、自分が口にして、あるいは目にして、あれ？　おかしいなと一瞬でも思ったら、やめる勇気は必要かもしれません。また自分だけが頼りというのはいくらなんでも心細いですから、信頼できる店やメーカーを見つけておくのも大事なことでしょう。

■食品は手で扱う

身体にとって異物は異物でも、天然か人工かによってだいぶ違います。人工物の方が私は怖いと思います。そりゃ自然界の菌や毒物が死を招くこともありますが、私たちの身体はそれに対応しようとはしますし、対応しきれなくてもすぐに症状として現われます。だから原因が特定しやすく、対処の余地がある。ところが化学薬品などは身体が対応することができないので、いつどこでどんな影響が出るかわかりません。余計にタチが悪いのです。なかなか、わかりにくいタチの悪さですよね。

レタスを手でちぎる。当たり前なことだと思うのですが、ベルクはキッチンをオープンにしているので、「食品に直接手で触れるなんて、はじめて見た」というお客様がときおりいらっしゃいます。食品の加工といえば、工場で手袋して作業するイメージがいまは強いのかもしれません。

ちなみにベルクでもＩＣカードが使えるようになり、小銭がじゃらじゃらこぼれる煩わしさが減りました。便利なことこの上ないのですが、このまま誰も現金を持たなくなって、「はい、おつりは百万両！」というジョーク（？）もいえなくなるのかと思うと、ちょっとさみしい。他人の手垢に触れずにすむ、という潔癖性的な時代がやってくるのでしょうか？

もちろん、いうまでもなく料理の基本は素手です。

冷たい。温かい。硬い。柔らかい。鮮度を確かめるのに信頼できるのは素手です。ゴム手袋をしているすし屋なんてどうでしょう？　あったら行きたいですか？

料理は、人と人の間に食材があり、人の手にかかって、人の口に届けられるものです。人の手を拒絶して、どうして食事ができるでしょう。でもいまは機械加工が当たり前の時代です。ベルクの厨房では、スタッフと食材の間で日々格闘が繰り広げられています。レタスを洗う。泥や虫をしっかり落とす。

当たり前のことじゃん！　といわれそうですが、その当たり前が食品産業の世界では意外と当たり前じゃないのです。

■ベルクでは普通にやっていること

ベルクのように忙しい店では、シンクにお湯をはって中性洗剤を入れ、その中に汚れた食器を浸すのが普通です。でもうちは油ものが少ないというのもありますが、洗浄には石鹸しか使いません。手荒れ防止にもなり、地球にも優しい。

そもそもこれだけ回転する店では、食器は使い捨て容器が効率的ですが、ベルクでは陶器の食器やグラスを使います。割れやすいし、洗うのが大変ですが、ゴミが減らせるし、その方が美味しいのです。やっぱりビールはグラスでなきゃ。

スタッフの休憩時の食事では、基本的に店の食材を自由に使っていいことにしています。ただし、名目上は試食です。そうでないと「現物支給」になり、お役所がらみで面倒なことになりそうなので（ここだけの話）。いえ、実際、それは試作であり、試食であり、スタッフの味覚の訓練になったり、商品説明に役立ったり、ときには余りものの処理になったりして、ちゃんと店に生かされているのです。

■お店は社会と繋がっている

また、元アルバイトの社員から、こんな手紙をもらったこともありました。店長として、とても嬉しかった。ベルクという個人店の持ち味の一端を伝えるため、ここに掲載します。

＊

大手のコンビニやファーストフード店でバイトをしていました。だから余計に、ベルクでは面接の時点から驚きの連続でした。

まさか社会問題や、働く意味まで考えさせられるようになるとは。使い捨てのカップを使わないのは、ゴミを増やさないためだと説明を受けました。ゴミはゴミ収集車が持って行くものでしかなかったのに。それで困ることもなかったですし。

学生アルバイトにとって大事なのは、バイト同士の仲間意識でした。店の事情なんて私たちには関係ありません。店長の目を盗んで、店の食材をくすねる。仲間にこっそり大盛りを出す。そういうことくらいしか楽しみがなくて、また罪悪感も感じず……（すみません。未成年の「罪」なので目をつぶってください）。本社の幹部はたまに現場にきてもちょっと見るだけで、店長でさえそういうアルバイトの可愛い？「罪」にはまったく気づきませんでした。それでも店は成り立っているようですし、どこで辻褄があっていたんでしょうか。ベルクはそれに比べたら、バイトと社員の垣根がずいぶんないなーと思いました。

こだわりの食材をこれだけ気前の良い価格でお客様にお出しし、スタッフから儲けてもしょうがないと私たちバイトは休憩で好きなものが食べられて（某ファーストフードでバイトしてたときは休憩の食事代はしっかり払ってました）、スタッフ、お客様からの差し入れもみんなで分け合って、そんな太っ腹というかオープンで人間味のある店の空気がアルバイトに「罪」を犯させないのでしょう。とてもズルをする気持ちになれず、だからこそ気持ち良く働けたんですね。

＊

ドイツ＋フランス＋イギリスのカフェ文化＝新宿ベルク

■立ち飲みスタイルが定着するまで

ベルクは狭いながらも全面的な立ち飲みではなく、座席もあります。その割合は半々といったところです。通勤途中、仕事の合間といった急がれているお客様であれば、やむをえず立っていただける可能性が高まります。平日の朝と夜は比較的立ってもらえますが、店があるのが新宿駅という交通の中継地点で、平日の昼や休日は買い物客が主体になるため、その時間帯だけは何年間も、座席が埋まるとそこで客足はいったんストップでした。カウンターに誰も立っていなければ、そのなかで一人立つのは勇気がいりますもんね。

カウンターに誰も立っていない光景を見て、カウンターに脚の高い椅子を置くか置かないかで悩みました。そのことでスタッフと何度も話し合いました。最終的には、「椅子を置いたら負け」「立ち飲みスタイルを定着させねば」と意地になりました。埋まった席の横を人が素通りしていくと、いまここに余分に椅子があれば、と地団駄を踏みましたけれど。

店をずっとやっていると、店の迷いをお客様に見せないというのが鉄則になります。前向きな変化ならいいのですが、売れないからといって値段をころころ変えたり、味をころころ変えたり、品数をころころ変えたりすると、結局信用を失い、定着するものもしなくなります。

その見極めが難しい。例えばこの商品は売れなくても三カ月は様子を見よう、といった見通しをある程度立てておく必要があります。要するに、一度始めたら後にはひけないということです。もしカウンターに椅子を置いたら、もうなくすことはできなくなります。それはそれでいいのですが、回転は望めなくなります。やはり大きな決断です。

ベルクの場合、決断したというより、もう少し様子を見ようもう少し様子を見ようと決断を先延ばしにするうちに店の認知度が高まり、商品開発やタイムサービスなどの営業努力もして、昼でも立って召し上がるお客様がだんだん増えました。少なくとも、後退の決断をしなかったのが良かったのです。

■コスモポリタンな喫茶店

日本ではまだ「ジャーマン（ドイツ風）カフェ」というのは珍しいから、ベルクがチェーン展開するなら、ジャーマン色を全面的に打ち出すべき、とコンサルタントの先生にアドバイスされたことがあります。

チェーン展開の予定はまだありませんが、いまのベルクも、そういえばジャーマンだったたっけ？　という感じです。意識していないわけではありません。「ベルク」という店名自体、偶然ですが、ドイツ語ですし（名前の由来であるシェーンベルクは、オーストリアの作曲家ですけれど）、店の心臓部分であるコーヒーマシンも偶然、ドイツ製です。そのコーヒーも、酸味と酸味をぶつけて甘みとコクを出すブレンドはドイツ流です。

職人による手作りのソーセージやパテを始めたことで、ドイツ色は決定的になりました。が、最初から意図的にそうしたのでなく、むしろ偶然の積み重ねでそうなったのです。

食評論家の横川潤氏と漫画家の松田洋子氏の人気連載「噂メシ」（『FLASH』2008年2／5号）でも、ベルクは「ムダは排除された質実剛健たるドイツ系労働者メシ」と評されていました。

店のコンセプトを明確にするのは、お客様に一発でイメージしていただくためのサービスです。まあドイツ料理といわれても、日本に浸透していないだけあって、イメージしにくいですが、どんなんだろう？　と興味を引くきっかけにはなります。いずれにせよイメージ戦略としては、その方が賢い。ただ私自身は、個人的には何風であろうとかまわないですね。

そもそも「カフェ」といえば、フランスでしょう。一八世紀のパリでは、庶民の間で流行したカフェの格式ばらない自由な雰囲気を、上流階級の方たちもサロンで真似るようになったとか。そのせいか開放的でしかも優雅なイメージがあります。

コーヒーを西欧に伝えたアラビアでも、コーヒーはもっぱらお店で飲まれていました。家庭で簡単にいれられる飲み物ではなかったからでしょう。とはいえ、お茶の一種なので（葉っぱでなく、豆ですが）、そこも一息ついてたむろする場所だった。

要するにコーヒーって、もともと、人々が身分に関係なくつつましやかに団欒《だんらん》しながら飲む飲み物だったんですね。

かつて、雑誌「カフェ」の伊藤編集長から、「ベルクは老人や子どもも排除しない、イタリアのバールに一番通じる雰囲気を持っている」と評されたこともあります。

西欧で最初にコーヒーが定着したのは、イギリスだそうです。イギリスでは、コーヒーを飲む場所は「コーヒーショップ」と呼ばれた。さすが実務的なイギリスだけあって、ビジネスマンたちのご用達だったらしい。ビジネスマンたちにとって、情報交換や情報発信の場だった。

そう考えると、ベルクはイギリス風ともいえるし、またフランス風でもあるし、イタリア風でもあり、アラビア風ですらある。いらっしゃるお客様は、ほとんど日本人ですけどね。

ただベルクにいると、どんなイメージにもおさまらないというか、ベルクが何風というよりも、ここがどこだか、自分がどこの誰だかわからなくなるときがあります。あえていえば、コスモポリタン（世界市民）かな。ベルクにはそういうとらわれない雰囲気があります。

壁を使って写真展をやろう！

ベルクでは壁を月替わりで写真家たちに無料でお貸ししています。プロ・アマにかかわらず、これまでたくさんの写真家が壁にオリジナルプリントを飾ってくれました。タブーはなるべく設けないようにしていますが、飲食店なりの制約は生じます。見るからに食欲を損なう作品は、やはりご遠慮願うしかない。もっとも人によって受け取り方は千差万別です。

金魚が泳ぐ何でもない水槽の写真がクレームをつけられたこともあれば、全身刺青のヌード写真を一カ月展示し、一度もクレームが入らなかったこともあります。普通、店には無難な写真しか飾りませんよね。ただ、やってみないとわからないところもあるのです。メニューが隠れるとか、そういう店の都合とぶつかることもあり、展示は結構毎回難航します。商売上は面倒事を増やしているだけかもしれませんが、それでも基本的には作家さんにも店作りに参加してもらいたいので、やめようと思ったことは一度もありません。多少バトルした方が結果的にいい展示になって、店が活気づいたりもするのです。

■個性豊かな写真たち

遥か遥か昔の話ですが、当時まだ純喫茶だったベルクの壁を、経営者の息子にすぎない（しかも浪人生だった）私がなぜかまかされることになり、その飲み友達にすぎない迫川（ただし美大生にはなっていた）もなぜか参加しました。

いまやベルクの副店長で、ベルクの壁を担当し、写真家でもある（森山大道氏に「新宿のヴァージニアウルフ」といわしめた）迫川に、壁の展示について語ってもらいましょう。

＊

ベルク純喫茶店時代、壁をまかされ、パリの広告塔のようにしようと、ロートレックやピカソ、クレーのポスターを用意しました。結局、時間や予算の関係で中途半端になってしまったのを憶えています。まさかそれから何年も経って、自分がベルクそのものをまかされることになるとは。

そのとき真っ先に頭に浮かんだのが、じつは壁だったのです。今度こそ思う存分壁を使ってみたい。しかも、自分だけで使うのでなく、開放したいという気持ちがすでに芽生えていました。美術関係者や写真関係者に、この壁を使って何かやりましょ

上は森山大道「新宿」写真展のときの様子

う！　という手紙を片っ端から送りつけたりもしました。反応は、ほとんどなかったですね。

新宿駅のこんなすごい場所に展覧会場がある！　と勝手に盛り上がったのですが、考えてみれば、「ベルク」なんて誰も知らない。まず「ベルク」をどうにかするしかなかったのです。

■写真集を切り抜いて飾るという大胆なアイディア

最初の二年間は、壁に手がつけられませんでした。ずーっと同じ絵を飾っていました。

でも、私自身写真の勉強をしていましたし、世界中の写真家の作品集を集めていたので、それをばらして飾ることを急に思いつきました。写真集をばらすなんて、勇気がいると思いませんか？　以前、知り合いでもある絵本作家の長谷川集平さんが、パフォーマンスだったか何だったか忘れましたが、絵本をばらしてみるというのを実演していた気がします（違ったら、ごめんなさい）。ありだな、と思いましたね。もちろん、ばらすためにわざわざもう一冊買います。

最初が、橋口譲二さんのベルリンの写真集でした。本を破って壁に飾るぶんには、著作権の侵害にはならないそうですが、義理を欠きたくはないので、まずご本人に確認をとりました。本を破って飾っていいですか？　と。いいですよと。で、ばらしました。一枚一枚額に入れて飾りました。シックなモノクロが、店に合いましたね。この方式なら、月替わりでやれる、ということで二年くらい毎月写真集をばらしました。

　で、本橋成一さんの写真集のときに、やはりおうかがいを立てたら、偶然、ベルクの常連さんだというのがわかりました。どうせなら僕のオリジナルプリントを飾ってよとおっしゃってくださり、気が変わらないうちにとすぐ仕事場にお邪魔し、お言葉に甘え、たくさんのプリントを持ち帰りました。それが写真展「無限抱擁」です。原発事故後のチェルノブイリを写した作品集で、ベルクのギャラリーとしての第一号になりました。

　本橋さんがやったなら、とその後も写真家がどんどん名乗りをあげてくださり、もう一〇年以上も月替わりでオリジナルプリントを展示しています。

　写真家は、アーティストですからね。ひと癖もふた癖もある……いえ、個性的な方が多く、独自のこだわりがあります。はい、どうぞ、ご自由にというわけにもまいりませんので、毎回神経はかなり使います。正直、逃げ出したくなることもありますが、大変な目にあったときほど、いい展示になったりもするので、やめられないんですね。

＊

■透明でありながら、主張する店

ベルクのお客様は男性に限らず、女性の方でも、わりと憮然とした表情の方が多い。考えてみればベルクはもともと、一人客が主体の店です。一人でニヤニヤしている方がおかしい。

自分の部屋に一人でいるような、無防備な状態でいらっしゃるのかもしれません。そのくらいくつろいでいただいている、ともいえるわけです。

そういう光景を見ていると、まるで自分が透明人間になったような気がしますね。ある意味、スタッフが空気のような存在であるのは、サービス業のあるべき姿かもしれません。

ただベルクは、壁にPOPや店のフリーペーパー「ベルク通信」が所狭しと貼られています。作品の展示もあります。かなり「主張」のある店でもあるんですね。

もちろんそれらは、一人客が手持ち無沙汰にならないようサービスの一環ということではじめたのですが、ベルク通信の内容は商品のウンチクから脱線し、個人的なエピソードから社会的なメッセージまで多岐にわたります。壁の写真も、飾りの域を超え、作家性が問われたりするのです。

■色眼鏡を外したい

以前、批評家の柄谷行人さんが、日本では自分は文筆家としてそこそこ認められているが、海外に行くと一人の東洋人に過ぎず、色眼鏡でしか見られない。その色眼鏡を外させるには、結局、知性しかないんだ、というようなことを書いていて、虚を衝かれた感じがしました。

店で働いている限り私は店員だし、営業している限りベルクは飲食店と見られますが（見られないと困りますが）、どこかでその色眼鏡を外させたいという邪心もあるのです。

というのも、まず味で、ベルクはいわゆるファーストフードという色眼鏡を外させている。それを味（商品）以外でもできないだろうか？

私たち人間は、何らかの色眼鏡をかけなければ、お互いのことが見られません。でも、色眼鏡を完全に外すことはできなくても、色眼鏡をかけ直さざるをえない瞬間ってあるじゃないですか。それが人生の醍醐味のような気がするのです。例えば、自分の妻がこんなことを考えていたのか、と発見する瞬間がある。いい発見か悪い発見かは別にして、その瞬間、妻が妙にリアルに女だったり人間だったりしませんか？

色眼鏡をかけ直す瞬間。「かけ直す」とあえていうのは、外したつもりでも、別の色眼鏡をかけているからです。どんな色眼鏡をかけて見られようと、そこからはみ出るのが人間です。

　だから見る方も、色眼鏡を「かけ直さざるを得ない」瞬間があるのです。知性って、知識があるとか勉強ができるということではなくて、そのようにものの見方を変えたり変えさせたりすることだと思うのです。人や物自体が時とともに変化しますしね。

　ベルクはあの場所にずっとある店です。でも、ただじっとあるわけじゃない。私たち自身、日々お客様やスタッフと接しながら悩み、迷うこともあります。自分のポジションを確かめ、ときにはそこからずれてみたりもします。それは本来、表に見せないものです。「ベルク通信」も、別に店の舞台裏を暴露するのが主旨ではありません。

店作りの楽しさを味わわないのはもったいない

■一つの枠におさまらないのが個人店たる所以

ベルクがベルクとしてありながら、一つの枠におさまらないというか、たえずもがいているというか、その気配は伝わってもいいのではないか、と思っています。

店員は店員だし、飲食店は飲食店だし、ベルクはベルクなのですが、世間のイメージに合わせて取り繕ってばかりいたら、かえって店自体が息苦しくなります。

BGMにしても、チェーン店などでは歌の入る音楽が禁じられています。誰が聞いても耳障りにならないという理由で、スタンダードな映画音楽に限定する店もあります。確かに、その方が飲食店のイメージを裏切りはしません。

食べたり飲んだりするときって、誰でもデリケートになりますからね。不安な要素はなるべく取りのぞいた方がいい。

ただどこかに遊びや抜け道も欲しいのです。

ＢＧＭだったら、音量や音質には気をつけても、ジャンルは問わないとか。

ベルク通信も、ベルクを楽しくご利用いただくための手引きという役目さえ果たせば、多少脱線していいことにしています。

飲食店である以上、タブーがないわけではありません（食欲を損なうような話題は極力避けるべきでしょうし）。ただ、あまりタブーを恐れて自主規制するのもどうかと思うのです。

極端な話、クレームがきたら、そのときに考える。もちろんクレームは、それが趣味の人もいますが、店によほど期待がないとクレームもいってくれないものです。いうのってエネルギーいりますからね。あれ？　と思っても、大抵は黙って自然と店から足が遠のくものです。

だからこそ、クレームはありがたいものなのですが、それを当てにするのはやはりおかしな話です。

ただ、試しにまずやってみるという実験精神を失いたくはないのです。

商品にしたって、お客様を実験台にするなんてとんでもない話ですが、それがまったくないのもかえって店が死んでしまいます。そういうきわどい面を店に残しておきたいといいますか、あるイメージにおさまりきりたくないというのはたえずあります。

■大手との違い

大都会新宿の駅周辺は、さすがに大手の見本市のように系列店ばかりです。ベルクは世界にたった一つの個人店。

大手は何でも本部がそろえてくれるでしょう。メニューもＰＯＰもポスターも食材も。野菜だってカットされて届きます。現場はこまごましたことで煩わされないですむぶん、オーダー（接客）に集中できそうです。そう考えると、ちょっとうらやましいですが、じゃあ逆に個人店にしかできないことって何でしょう？　大手にマネのできないことって。

たぶん、それは店全体に対する神経のはりめぐらせ方ですね。あと小回り。メニューでも何でも、その場で決めたり、やり方を変えたり、やめたり。そのたびに大勢のスタッフが目を白黒させ、右往左往します。

それで死ぬわけじゃなし、腹をすえて楽しむしかない。かえって店に活気も出て、いいのです。

■現場を自分たちで作り出す力

ファーストフードという業態は、もともと大手企業のオハコです。

相談にのっていただいたコンサルタントの計画書は、メニュー内容や売上・コストに関しては具体的でしたが、厨房やホールの設計図はありませんでした。しかし、「早い、安い、うまい」を実現するには、店全体の機能性を高めなければなりません。ただでさえ狭い上にL字形で、人が動き回るには効率の悪い造りです。何をどう配置すればいいのか、途方に暮れました。それに関しては相談する人も、参考になる本もありませんでした。もしフランチャイズだったら、そういうノウハウを企業からワンパックで買うことができるでしょう。

一瞬ですむことが、結局一〇年はかかりました。試行錯誤の連続です。でも、意味がなかったとは思いません。むしろ、とても大きな意味があった。現場を自分たちの力で作り変える術を身につけることができたのです。

第一、フランチャイズの店は、店作りに関する決定権が現場に何もありません。商品開発という一番おいしいところさえ、本部に奪われています。

その代わり、店や商品の人気は、ＴＶＣＭなどのイメージ戦略ですでに確立している。自分たちはマニュアルに従って商品を売りさえすればいいのです。作る楽しさや苦しみを味わわないまま。それは仕事以外で探すしかないでしょうね。それも一つの生き方ですが、何だかもったいない感じがします。

■大企業が経済を麻痺させている？

日本の企業は、企業同士、お互いに大株主になって、外部からの参入（要は、のっとり）を防ぎながら大きくなったところがあります。その日本のしきたりに、ホリエモン（堀江貴文）などは逆らったわけですが、会社の買収をしたのは結局、彼がCEOだったライブドアという会社です。つまり、株主が個人でなく、企業であるという点は変わりありません。

大企業は、例外なく「株式会社」です。これは一九世紀に、イギリスで生まれた制度だそうです。当時、イギリス議会では、こんな無責任な制度は社会的に認められないと反対意見が相次ぎました。会社がつぶれても、所有者である株主は自分の株券が紙くずになるだけで、それ以上の責任を問われずにすむからです。が、資本金（株主が投資したお金）に見合う資産、つまり工場とか土地が残る。それを差し押さえれば良い、とJ・S・ミルという人が主張して、議会を通ってしまった。

ただ日本の場合、会社同士が株を持ち合うというのは、実際にお金を動かさなくても数字上の操作が可能ということです。会社は財務状況を公表する義務がありますが、実状はどうあれ、帳簿上でつじつまが合わせられるのです。また、日本ではどんな公害や薬害の事件を起こしても、会社が刑事責任を問われたことがない。会社は「法人」ですが、「人」ではないという理由で。だから会社の株主が会社なのは、会社の所有者すら最終的にはいないということです。

実際、銀行がヤバいと、その尻拭いをするのは国民です。巨額の公的資金を投入して。資本が骨抜きで無責任体系でも、大量生産・大量販売という工業的原理で何から何まで大がかりになった大企業。

脱工業のいまも、まるで大企業の再生は市場の再生といわんばかりに、「規制緩和」が進められ、あらゆる産業への進出を招いています。それによって、せっかく小回りをきかせ、技にいくらでも磨きのかけられる中小の可能性が縮められ、かえって経済が麻痺している、と指摘するのは経済評論家の奥村宏さんです。奥村さんの『倒産はこわくない』(岩波書店)は個人店経営者のみならず、企業の社員も必読の書です!

第3章

本当は飲食店なんてやりたくなかった

——ベルク誕生ストーリー

店長の新宿放浪時代――自分探しよりも場だ！

さて、第3章と第4章では、ベルクというお店が始まったきっかけを、店長である井野の青春時代（暗い）にまでさかのぼって書いていこうと思います。これからお店を始めようとする人たちの参考に少しでもなればと思います。

私がベルクを始めたのは、二八歳のときです。いま思えば、年齢的にはけっして遅くなかった。私は恵まれていました。親が、二〇年近く前から、いまのベルクがある場所で喫茶店を経営していましたので、商売の最初の最大の難関である、場所探しをしなくてすんだのです。それだけでもラッキーといわざるをえませんが、その場所が日本一の一等地だったのですから、感謝しないとバチが当たります。

ただ、個人的には、二八歳というのは微妙な年齢でした。私のようなのんびりした人間でも、さすがにうかうかしていられないと思うのがその時期です。とにかくそのころは、すごく焦っていました。

人生計画という考えが私にはありませんでした。いや、自分で立てる計画ならいいのですが、お膳立てされたコースを選ばされるなんてまっぴら、と。口ではいっぱしのことをいいながら、目の前は限りなく荒野でした。

東京生まれの東京育ち。二一歳のときに父を亡くしましたが、父は売れない詩人で（売れる方が例外中の例外ですが）、晩年は飲んだくれていました。生活を支えていたのは母です。急に生活が困窮することはありませんでした。ましてや、飢えの経験なんてない。ずいぶん長い遠回りをして大学まで出させてもらいました。戸籍上の性別は男性で、それを疑わずに生きてきました。つまり、あまりアイデンティティの危機に遭わずにすんだのです。

そんな若造《わかぞう》が悩むと、目の前の問題でなく、いきなり「何のために生きるのか」と観念的な問いに向かいます。もちろんはっきりした答えは出ようがなく、相変わらず漠然としている。女性なら「いつかは嫁にいく」という世間の圧力を、親も本人も多かれ少なかれ感じていたでしょう。それに従うか裏切るか反発するかは別にして、早い時期から自分の身の振り方を考えざるをえないところがある。私には弟が二人いますが、女のきょうだいがいなかったせいか、そういうことにもうとかった。

男の子だって、就職がひかえているんですけれどね。何しろ父が詩人で、自分もアーティスティックに生きることを漠然と夢見ていましたから、スーツ姿のサラリーマンになるなんてイメージはまったく持てませんでした。

父の詩は、四〇歳も半ばを過ぎたいま、やっと読むようになりました。一人の詩人として見られるようになったのです。詩は、父にとって人との関係、自分との関係、世界との関係を問い直すための一つの実験装置だったのですね。小学生くらいのころは、父の詩を真似たのでしょう。運命がどうのこうのともっともらしく言葉にしてみるものの、ムードに酔っているだけでした。中学生になると、詩に限らず文学そのもの（に対する父の態度？）が暗く重く感じられ、父の詩を横目でちらちら見ながら、なるべく自分とは無縁なものと思うようにしました。

私の子ども時代は六〇年代から七〇年代です。アートといえば、漫画かロックの時代。文学より過激でカッコよかった。自分も、どちらかに進むと思っていました。実際には、どちらもちょっとかじっただけです。本格的に勉強しようという発想もなかった。それでも自分の才能を疑わなかったのですから、のんきなものです。

いまでも、「勉強する奴はダメだ」という言葉が、つい口をついて出ます。「勉強」を口実にもたもたしている人を見ると、じれったくなるのでしょう。学校もせいぜい大学までなら、モラトリアムという意味で、あるいは音楽家の坂本龍一さんがいうようにアカデミックなものを壊すためにも、行って損はないと思いますが、あとは現場に飛び込むしかない。つまり、プロになるということですね。

お金を払ってまで先生についたり、教室に行ったりするよりは、なるべく早くお金をもらう立場に回った方がいい。実戦こそ最大の勉強と思うからです。その持論はわりと昔から変わらない。ただ、私自身は出版社やレコード会社に持ち込みするわけでもなく、大学卒業後もひたすら無為に過ごしました。そのくせ自分の才能を疑わなかった。認める人がいないだけだ、と。バカですね。白馬にのった王子様が現われるのを待つ乙女と同じです。いつかそういう人が目の前に、と思っていたのでしょう。

■若いうちはムダなエネルギーを使わないのもいい

よくいえば、ムダなエネルギーを使わずにすんだ。二〇代半ばにもなって、まだ芽が出ないのはもしかしたら才能がない証拠では？　と気づきはじめたのです。無理して作品を作り、無理して売り込んだって、結果は同じです。誰が止めたってそれを押しのけてやるのが才能だとしたら、私は自分で自身の表現を止めていたのです。というか、まあ無理しなかっただけですね。無理なことはなるべくしない。それが私の唯一のとりえかもしれません。

それにしても、二〇代半ばまで王子様を待っていたのですから、のんきなものです。時間をムダにしました。

ただ、エネルギーは蓄えられるけど、時間は蓄えられません。屁理屈に聞こえるかもしれませんが、時間は無駄にしてもしょうがないんです。何もできないときはしなくていいんです。無理してまで。

何もしないといっても、生きている限り私たちはまわりの音や光や匂いや空気や言葉を知らず知らずのうちに吸い込んでは吐き出しています。知らず知らずのうちに蓄積しています。それらは意識的に処理しなくても、かえってぼーっと過ごしているときの方が、木樽の中に蓄えられたワインのように熟成されていきます。「ひらめき」も、この熟成から生まれます。ただそれは一種のオマケみたいなもので、あまり当てにせず、熟成そのものをゆっくり味わえばいい。

一見ムダに思えますが、じつは一番大事で贅沢な時間です。何もしないって、結構意識的には苦痛です。でも、じっとしてなきゃいけないときってあるんですよ。そこで無理して動いても、エネルギーを消耗するだけです。だったらとっておいた方がいい。またその苦痛が、いざ何かしようとするときのバネになるのです。人生、メリハリです。

■あまり「自分」にこだわらない

時間を無為に過ごしながら、ふと思ったのです。才能とは、「場」じゃないか？と。自分がどの場にいるかってことじゃないか？と。自分に才能があるかどうか問うよりも、どの場にいるか。例えば、父は詩人でしたが、詩を書いたというより、詩という「場」にいた（引き寄せられたのか、自分から向かったかはわかりませんが）。どうしても、そういう感じがするのです。

詩は言葉です。言葉を使って人との関係や自分との関係、世界との関係を問い直す。言葉はただの道具ではありません。それ自体が生き物のようなところがあります。言葉にすればするほど、ウソになる、という経験は誰にでもあるでしょう。言葉に裏切られたり、振り回されたりして、言葉を使っているのか使われているのかわからなくなることがある。言葉と格闘するしかない。その壮絶な格闘現場が、詩なんですね、きっと。

「自己表現」といういい方に、私は欺瞞《ぎまん》を感じました。詩は確かに自己表現の一つですが、そういいきってしまうと、言葉を見くびる感じがしたのです。

家族でお店を経営するということ

■ビートルズとの出会い

　とにかく、「自己表現」という言葉に酔いたくなかったのです。

　酔いが覚めたのは、子どものころから聞いていたビートルズの歌と音楽によるところが大きい。ビートルズというと、よく四人の個性のぶつかり合いみたいなことがいわれ、メンバー各自の個性がまず先にあるように思われがちですが、それはソロ時代になってから作られたお話でしょう。解散の原因を、四つの個性がそれぞれ大きくなり過ぎたために調和がとれなくなった、などとするのもそうですね。彼らの伝記を読むと、むしろ目を引くのは「僕はお山の大将であることより、そうでないことを選んだ」というジョン・レノンの言葉です。自分が大将であることを脅かす存在。ジョンの場合、それは初対面でいきなり歌とギターのうまさに面食らったポール・マッカートニーでした。悩んだ挙句、彼と組むことを選んだ。

つまり、ビートルズは一人ではないというところにまず意味があるのです。誰が大将というのでもない。今日、自分が大将でも明日はわからないということです。そういう流動的な他者との交流から始まっている。それがビートルズという「場」です。その場を作ったのは彼ら四人でもあるし、彼らを生んだリヴァプールというイギリス辺境の港町でもあるし、彼らがラジオやレコードで貪るように聞いた音楽（主にアメリカのロックンロールや黒人音楽）でもあった。もちろん、ファンをはじめ彼らを支えた人たちでもあります。いずれにせよ、歌や音楽が個人からというよりある「場」から生まれるということを、実際のサウンド以外でもビジュアル、言動といったさまざまな面で強烈に体現したのがビートルズというバンドでした。

■副店長迫川との出会い

ビートルズにすっかりかぶれた私が待つ白馬の王子様とは、ポール・マッカートニーだったのかもしれません。じゃあお前はジョンか、という話になりますが、要するにジョンにとってのポール、自分のアイデンティティを脅かしかねないパートナーということです。

ではジョンにとって、ヨーコとはどういう存在だったのでしょう？

私も連れ合いが仕事上のパートナーですし、おまけに夫婦別姓です。何から何までジョンの影響というわけではありませんが、ジョンとヨーコの対等な男女というイメージが私の男女の理想像を決定づけたのは確かです。

私が女性に理解のある男性かというと、そうではありませんでした。ニコリともしない女性を見るとつい「無愛想」と思うし、女性相手に一方的に喋ることはあっても、聞き役に徹することはまずない。それはもう典型的な古いタイプの男性でした。

ジョンとヨーコがどこまで対等だったかはわかりません。一概にはいえませんが、やっぱり女性の方が男性よりも、自分が女性であることを意識せざるをえない場面が多いのではないでしょうか。女であるというだけで、なんでこんな目にあわなきゃならないの？　という場面が。そのぶん、男性は自分が男性であることに無自覚でいられる、ともいえます。また男と女では、どちらかといえば女が男に対して譲ることが多いのではないか。まあここは笑っておけとか、ここは相手の話を聞き入れておこうとか、深刻なレベルは別にして日常の些細なレベルでは女性が男性に合わせていることが多い。もちろん、あらゆる女性がそうするわけではありませんが、風習やら世間の暗黙の了解によって、そうせざるをえない現状があるということです。しかし、女性であるというだけで、その人の生き方が決まるような世の中はおかしい。ジョンの生き方は私が女性差別について考えるきっかけになりました。

ジョンは自分でいっているように、典型的な古いタイプの男性でした（妻であるヨーコより、夫である自分が先に朝刊を読むのは、陽が東から上るくらいに当たり前なことだった）。ヨーコのことを、ポールのように自分の大将としての座を脅かす存在とは思わなかったでしょう。ただ、だからこそ自分が男であることに自覚的であろうとしたかもしれません。ジョンが聞いたら、一言あるでしょうね。ヨーコはポールと並ぶ偉大な芸術家だ、最初から普通の夫婦におさまるはずがなかった、現に、ジョン・レノンの妻なんて真っ平といわれ、僕は一度彼女にふられたんだ、と。ヨーコの場合、まわりの抑圧との闘いもありました。あの時代、欧米文化圏で東洋の女性が男性にひけをとらず前面に出るのは、「生意気」を通り越して「異様」でしたから。ジョンはヨーコを必死にかばったでしょうが、かばいきれない面もあったに違いありません。大将の座は奪われなくても、ヨーコを失えば何の意味もない。それはやはりヨーコが自分の妻だからというより、ヨーコだったからです。

■パートナー

私も、連れ合いだから迫川をお店のパートナーに選んだのではなく、迫川尚子という一人の人間を見込んで新しい店を作るメンバーになってもらうよう頼んだつもりでした。でしたが、承諾してもらうまでまさか一年もかかるとは思いませんでした。彼女は彼女で別の職場で仕事をしていたのです。

彼女が働いていたのは、ご夫婦が経営する児童書の出版社です。社長は旦那さんで、実務的なことは奥さんが仕切っていました。迫川はその奥さんの片腕になっていました。奥さんというのも変なので、Ａさんとしておきます。

ちなみに、この「旦那さん」とか「奥さん」というのも自分たちにはなじまない言葉です。それに代わる妥当な日本語がないので、相手のことを説明する必要に迫られたときは、やむを得ず「同居人」とか「連れ合い」といったりします。一時使ったのは、「同志」。勇ましいけれど、硬さが残る。一番ぴんとくるのは、「相棒」とか「相方」かな。仕事上のパートナーでもありますから。

迫川が私たちの店作りに参加することは、そのＡさんの片腕をもぎとることを意味しました。いまならその痛みがわかるだけに、もしかしたら躊躇したかもしれません。逆にいえば、若くて見境がなかったから道が開けたところはあります。やはり迫川がいなければ、いまのベルクはなかった。存続していたかどうかもわかりません。それはほかの社員についてもいえます。でも、当時は、連れ合いなんだから自分の片腕になって当然という感覚がどこかにあったと思うのです。そして、その感覚は、裏切られるべくして裏切られました。

迫川にしてみれば、もしベルクに入っても、店を経営する私の家族がどう思うかまず考えたでしょう。単に「長男の嫁が手伝いにくる」的な関わり方では、仕事をわざ

上は副店長（迫川）と私。下は1970年3月、開店当初の喫茶「ベルク」の写真。店頭に飾られた花輪に、女優浅丘ルリ子さんの名が。

わざ選び直す甲斐がない。Ａさんからも、家族経営は絶対うまくいかないと忠告されていました。私たちが夫婦別姓にした一番の理由も、そこにあります。家族ともそのことでさんざん話し合いました。

ところがあるとき、家族の一人が店で迫川を人に紹介する時に、「店長の奥さん」と口をすべらせたのです。いえ、別に半殺しにはしませんでしたよ。迫川も人から「奥さん」といわれれば「私は奥にいない！」とやり返すのですが、そのときはさすがに呆気にとられていました。おそらく、「奥さん」といったのは、本人には悪気がないというか、自分はそう思わなくても人にはそう説明した方が親切と思ったからでしょう。それ以上に深い意味はない。だから、家族であることから逃れるのは難しいと思いましたね。何かの拍子に、不意に現われる。

世間知らずだったからなのか、飲食業界に進むこと自体には私は何の疑問も持ちませんでした。それまで塾講師をしていましたが、アルバイトの身でしたし、むしろベルクに就職して、やっと自分の仕事を見つけたという感じです。まあそれまで「先生」と呼ばれる身分から、店員になったのですが。

でも迫川は、まわりから、そこまで身を落とすか？　といわれたそうです。飲食業＝サービス業＝水商売……。私などは、詩人であった父の粋なサイドビジネス（じつは本業ですが）とすら思っていたので、「身を落とす」という言葉が正直ピンときませんでした。

迫川の場合、テキスタイルデザイナーから編集者へ、つまりカタカナの肩書きだったのが漢字になって、ついに喫茶店のネェチャンに落ちぶれた？　ととる人もいたのでしょう。

だからなおさらこの世界に進むことに抵抗を覚えたのかもしれません。

では、私たちは本当に落ちぶれたのでしょうか？　どうなんでしょう。業者さんなどは、こちらが経営者とわかると、とたんに態度が変わりますが、お客様の前では、経営者もアルバイトもないですからね。

底辺からの方が世の中がよく見える、と思うこともあるし、自分たちが自分たち自身を色眼鏡で見ているだけ、と思うこともあるし。とはいえ、そんなことは店を実際にやっていればほんの一瞬思うか思わないかです。

■お店がメンバーを改めて家族にしてくれた

そもそも、家族であることを完全に否定するのは不可能です。私だって、家族としての甘えがなかったわけじゃない。いま、振り返っても、家族である良さもあったし、悪さもあったといえます。むしろ、そのことにどれだけ自覚的であるか、あるいはお互いにどれだけ対等なコミュニケーションがはかれるかの方が重要です。つまり、家族経営自体を良いとか悪いとは一概にはいえないのです。もし失敗していても、家族だからといわれるでしょうし、うまくいっても家族だからといわれるでしょう。でも、少なくともいまのベルクがあるのは、家族であろうとなかろうと、このメンバーだったからです。そういえるようになったのは、みんながそれぞれどこかでベルクという店を選び直してきたからだと思います。私たち自身、お互いにお互いを選び直してきた、ともいえます。

ただ、どうなんでしょう？

いまとなっては、「家族経営」を抜きにベルクを語ることはできない気もするのです。

当初は、むしろそれを徹底的に否定しようとしました。母（当時、社長）に、いざとなったら息子をクビにする覚悟はあるか、と詰め寄ったこともあります。とにかくビジネスライクにしたかったんですね。兄弟間の変な照れもなくしたかった。暗黙の了解だったことも、いちいち言葉にして、確認し合おうとしたり。他人以上に他人になろうとしたんでしょう。Ａさんの「家族経営は絶対うまくいかない」という言葉が、それだけ私にとっては呪縛だったのかもしれません。

いまでは、家族であることを恐れていません。妙ないい方ですが。家族だから、一つの店がやれたというよりも、ある意味、ベルクという店が私たちをもう一度家族にしてくれたのです。ただ、それは新しい形の家族なのかもしれません。いままでは赤の他人だったはずの社員も家族同然ですから。血縁や家制度を超えた家族ですね。

話があちこちに飛びましたが、まず私は「自分探し」よりも「自分のいるべき場だ！」と思ったのです。なるべく会社みたいな組織に属さず、自分で何かがしたかった。と同時に自分一人ではできないことがしたかった。誰と？　何を？　どこで？　それらがリアルに現われる地点が、いま思えば「場」だったのでしょう。そして、私にとっての「場」とは、そうです。ベルクという店だったのです。

■父との思い出

日曜日の朝、自転車に乗って、父の自転車の後をくっついて走るのがとても楽しみでした。家を出てから帰るまで、二人とも黙々と自転車を漕ぐのです。

父といえば、くわえタバコで長い灰を作りながら、家でオーディオの配線をいじったり、鯉の泳ぎ回る水槽を洗ったりしていたのを思い出します。いつも一人で黙々と何かやっていましたが、けっして無口な人ではありませんでした。

ただ、父には躁鬱《そううつ》という病気がありました。躁がピークになると、唾を飲み込むのも惜しんで喋り続けるので、見るからに異様でした。ピークの前後が冴えていたというか、一生恩に着られるような人助けをしたこともあります。子どもにする話も鋭くて面白かった。大抵音楽の話ですけれどね。ちなみに父はクラシックマニアで（「レコード芸術」にも執筆していました）、作曲家のシェーンベルクからとったベルクという店名も、父がつけました。

鬱になると、寝たきりです。そうめんをするときしか起き上がってこない。そうめんしか喉を通らないのです。

子どもだった私の記憶はそんなものです。一人で大変な思いをしていたのは母でしょう。むしろ私にとって、母は世間を代表する「つまらないことをいう」人でした。「学校に行きなさい」とか「宿題をすませなさい」とか。親として当たり前のことをいっているだけですが、何しろ私には父という、母とは対極の拠り所があった。

父は別に「学校に行かなくていい」といってくれるわけではありませんが、私が「頭が痛い」と適当なことをいって学校を休むと、小説を朗読してくれたりしました。太宰治の「水仙」が、妙に印象に残っていますね。

父の鬱は重症だったらしいですが、子どもは気安いもんです。「鬱って、笑わないの？　笑ったら五百円くれる？」とお金を賭けて、思いっきり変顔したら、けなげな姿に同情してくれたのか、本当に吹き出したのかわかりませんが、父は一瞬笑い、私は五百円せしめました。

躁になったらなったで、その方がかえって大変で、宝くじにでも当たったの？と問いたくなるくらい気が大きくなりますから、毎日、気に入った自転車を次から次と買ってきたりする。でも、無責任な立場にいる子どもは、ハラハラするより、愉快でたまりませんでした。

鬱の方がおとなしくしてくれているので、母はまだ気が楽だったようです。でも治りかけが危ないといいますね。それまで消えていたやる気がやっと芽生えますが、まずやろうと思うのが、死ぬことだと本人もいっていました。

実際、自殺者の多くが、鬱の治りかけだそうです。鬱を脱しつつあるのは見ていてわかります。身体に色彩が戻ってくる。それまでは無色ですね。無色の人がそうめんをすすっている。

ベッドの上の無色な父が色づいてきたら、要注意です。その時だけは家族総がかりで、家中の窓の鍵が閉まっているかどうか確かめてまわりました。当時、七階に住んでおり、そこから衝動的に飛び降りる危険性があったのです。

父と私が黙々と自転車を漕いだのは、おそらく父が鬱の周辺をさまよっていたころでした。寝たきりになれば外にすら出られませんし、逆に調子が良くなってくると、鉄砲玉のように一人でどこかに出かけてしまいます。そのどちらでもないグレーゾーンの時期ですね。

中野にある自宅を出発すると、コースは二つあって、善福寺から井の頭公園へと向かうコースと新宿に向かうコースです。その場で父がどちらか選びます。ただどちらとも告げられず、自転車はおもむろに走り出します。新宿方面とわかると、私は内心、やった！　と叫んでいました。

緑の多い井の頭公園もオツですが、着いたら帰るだけじゃないですか。新宿は、まず西口ががらんとした感じで、胸がすっとしました。それはあくまでも旅の序章で、しだいに雑多なビル群に吸い込まれていく。街をさまようほど、行きか帰りかわからなくなる感覚が好きでした。

新宿をさまよい、新宿にたどりつく

父を突然、病気で亡くした後も、私は一人でよく新宿をぶらぶらしました。二〇代前半のころです。とにかくひたすら歩いた。どこにも行くところがない。でも家に帰るのでもない。そういうときは、自然と足が新宿を向きました。

新宿の無方向性に（方向が無数にあるといってもいいですが）身をゆだねたかったのです。

いまでも、街歩きが一番のストレス発散ですね。職場を昼間から抜け出せるようになってからは、新宿に限らず、なるべく裏路地のある街をくねくねと歩いています。電車に乗って、気ままに下車して、嗅覚を頼りに。

ぼーっとすると、「まわりの音や光や匂いや言葉が、木樽の中に蓄えられたワインの分子のように複雑に結合しながら熟成される」というようなことを前に書きましたが、歩くときも路地や家々が複雑に絡み合うような、長い年月をかけて熟成された街が好きです。

そういう街は、誰かが計画して作ろうとしても作れない。さまざまな思惑やアクシデントが折り重なるようにしてできています。自然発生的なのです。

一から十まで計画的に作られた街は、全体的に整然としているし、移動するには便利でしょうが、何かとりつく島がなくて、うろうろさ迷うには適さない。

その点、新宿はごちゃごちゃしています。

でも、新宿の最大の特徴は、何といっても人がやたら多いことです。何なんだ、この人たちは！　どこから湧いてきたんだ！　という感じですよね。足をくじいて杖でもついたら、途端にしんどい街でしょう。それくらい人の勢いがすごい。私はまだ比較的若くて元気なので性に合いますが、年をとったら、新宿は好きでも億劫になるかもしれない。

ただ、うちの店の客層もそうですが、結構お年寄りが多いですし、ホームレスだっていますす。みんな、どこかにおさまる場所があるのでしょう。誰にでもつけいる隙があるといいますか、懐《ふところ》の深い街という感じがします。

確かに、新宿にはデパートや映画館といった大きな商業施設、娯楽施設が多い。交通の大中継地点にもなりますから、大勢の人が行き交います。渋谷や池袋と比べても、人の多さと雑多感は断トツ新宿ですね。人類は、新宿から発生したのでは？　と思えるほど。ほかの街と何が違うのでしょうか。

■新宿は無目的

うまくいえませんが、踊ったり酒を飲んだり遊んだりするわけでもないのに、またそんなお金もないのに、新宿に行く。そんな二〇代のころの私のような人間が、新宿にはまだまだいそうな気がします。

人生にこれといった目的や意味はない。だが、辛うじて新宿がある。そういう思いで新宿に集まってくる人たちがいるような気がするのです。あるいは、そういう人たちが新宿という街を作ってきた、ともいえるかもしれません。

そういう私の新宿観は、ベルクを始めて、新宿で店をやることの難しさや面白さも味わい、またその意味を考えるようになってから、若いころの自分と重ねつつ漠然と見えてきました。

自宅の中野と新宿は、目と鼻の先です。二〇代のころの私は、とくに新宿と意識しなくても、散歩の延長で行ける場所でした。新宿は全国各地から人がやってきます。その人たちの方が、多かれ少なかれ新宿に対する思いがあるでしょう。

上京してはじめての街が新宿だった。はじめて入った店がベルクだった。ベルクが私にとっての東京だったと懐かしそうに振り返る常連さんもいらっしゃいます。

東京生まれで東京育ちの私には、そういう体験がありません。若いころは引け目に思ったものです。東京を目指してくる人たちのように私には東京や新宿に対する思い入れがない。話が合わないのじゃないか、と。

でも年をとってくると、図々しくなりますね。「新宿生まれ」であることを（生まれた家は、新宿の大京町にありました）誇示しないまでも、新宿を描いた映画などを見ると、「まだまだ君は新宿がわかっていない」などと一人でダメ出ししています。

高層ビルや歌舞伎町といった、いかにも新宿らしい風景が出てきたり、いかがわしい感じが表現されていたりしても、あの無方向感覚が体験されなければ、新宿ではない、と。

身内贔屓《みうちびいき》になりますが、それだったら、人々の何気ない表情や街の思いがけない光と影がとりとめなく交錯する、迫川尚子の作品集『日計り』（新宿書房より絶賛発売中！）の方が、ずっと新宿的です。

しかし、繰り返しますが、二〇代のころの私は、こんなふうに堂々と新宿を論じる余裕もなく、ただ黙々と新宿をさまよっていました。

新宿には、駅の東口改札の脇に、父と母が始めた小さな喫茶店がありました。たまに店の中を覗いたりもしました。よく、入り口近くのレジのところに母が座っていました。

晩年の父はアル中。父が死ぬとき、やっとこれで母は解放されると思ったほど家は振り回されました。私は大人になるにつれて父派から母派に転向したのです。といっても、放蕩息子だったことに変わりありませんが。

ドラマ仕立てでいくならこうなるのでしょう。

新宿の街を当てもなく歩き、ふと足を止めた。

「ここか。ここだったのか！」

私はついに発見した。自分が探していた場所を。そこは幼いころから何度も訪れたことがあるはずの親の経営する喫茶「ベルク」だった、と。

さて、いまやベルクは新宿そのものだ、新宿のカオスを体現している、とメディアなどでは紹介されます。カオス？　何か得体の知れない怪物のような響きがしますが、私たちの生活に混沌（カオス）をもたらすのは、案外、用途の明確な日用品なのかもしれません。

鉄道なんてまさにそうですね。決められたレールの上を決められた列車が決められた時間で走って、決められた駅で止まります。そうでなければ人は列車を待たないし、恋人や肉親との別れとか、再会といったドラマも生まれません。『点と線』みたいな時刻表を駆使した完全犯罪も成り立たないでしょう。列車は列車の規則に縛られるのみです。

しかし、乗客は乗車券を買うとか、人の足を踏まないとか、その程度のルールとマナーを守るにせよ、一人一人目的は違うし、目的などなくてもいい。窓の外を眺めていてもいい。居眠りしてもいい。途中下車してもいい。そこが新宿駅だったら、ベルクに立ち寄ればいい。まさに先行き不明なカオスです。

第4章

なぜベルクをはじめたのか？

この壁を自由に使いたい!

じつは、学生時代に一度だけ「ベルク」の壁のインテリアをまかされたことがあります。ポスターを縦横無尽に折り重なるように敷き詰めるイメージだったのですが、予算を軽くオーバーしそうになり、結局予定していた枚数の何十分の一しか買えず、間隔をあけて並べて貼るしかありませんでした。せっかくどうにでもしてよかったのに、どうにもならなかった。その「不完全燃焼」感がずっと残ったんでしょうね。「ベルク」で働くことになって、まず思ったのが、やった! またこの壁が使える! ということでした。

いまでも、この壁をうまく使うのは難しい。きっと予算の問題でなく、私はこの壁を甘く見ていたのです。細長くL字形に曲がる店内には、大きな丸い柱が二本陣取っています。表の通りからガラス越しに見えるので、何か発信するには最高の場と思うのですが、いざ使おうとすると、全体像が意外とつかみにくい。位置が変わると、見え方もぜんぜん変わりますし。

だから余計、どうにかしてやろうと思うのでしょう。

店を始めた動機を聞かれると、この壁を使いたかったから、と私はよく答えるのです。

■家業に見向きもしなかった

「ベルク」は面白い場所にあるとは思いました。「うらぶれた」とまではいわないまでも、時代からちょっと取り残されたような一画が、駅の周辺などにぽつんとありますよね。人通りが多いから、何とか常連が途絶えることもなく、昔ながらに細々と続けている。そういう店がいくつか寄り添うようにしてある一画が。

何となく近寄りがたいけれど、入ってしまうと妙に落ち着く。

「ベルク」があるのもどちらかといえばそんな一画でした。

一九七〇年、開店当初のベルクは、表からガラス越しに一望できる壁が、当時日本では珍しいジョニ赤のラベルの色で、しかも全面ガラス張り。モダンな雰囲気を醸し出していたようです。が、半年経ったころには（ガラスとガラスの繋ぎ目から入る）タバコの煙の脂で変色しました。内装のみならず、サービスにしても商品にしても、維持するって大変なことです。

ただ「ベルク」は、開店から二〇年近く経っていましたが、母の代になって壁は白く塗られ、出てきたとたん歓声をあげたくなるフルーツパフェや出てくるまでに一五分待たされる本格手作りピザといった売りの商品もあり、悪くないとエラそうに思っていました。それ以上のことは何も考えなかった。弟たちもけなげに店の手伝いをしているし、まあいいんじゃない？　とあくまでも私は傍観者でした。

■一度この場所を離れたら二度と戻れない！

当時、駅ビルは、フロア別に順繰りに大改装があって、だいたい一〇年くらいでうちの番がまわってきました。そこで店も結構整理されるんですね。数千万円の改装協力費を用意しなければなりませんから。借金をするにしても、よほどその先の展望がないと難しい。

そろそろ、ベルクのあるＢ１の番だと聞いたとき、そうか、いつまでもあの場所で安泰というわけにはいかないんだと思いました。

考えてみれば、あの場所に店があること自体、奇跡だよな、と。

もともと、駅ビルの実力者だった祖父が、公衆電話の並ぶコーナーを、脱サラした父のために店を出せるようにしてくれたのです。

その祖父もとっくに亡くなり、ビルの勢力地図もどんどん変わりますから、昔の関係者の店などかえってうとまれます。

もしそういう危機的状況が垣間見られなければ、私は何も考えられなかったかもしれません。何事においてもそうですが、危機に陥ったときこそ道が開けるのですね。駅ビルで孤立無援の私たちに必要なのはもう実績（稼ぎまくる）しかない、と思ったのです。

純喫茶からの大改造

■放蕩息子の改装案に大反対

最初は「親の店を継ぐ」とは思いたくなかった。自分が乗り込んで行って、新しい店に作り変えるのだと勝手に盛り上がっていました。でもそれでは勝手過ぎるので、「ベルク」という店に就職するつもりで企画を持ち込みました。親の店だからでなく、あの場所だからやる気になった。やりようによってはとてつもなく可能性がある場所だ。そう考える人間はいま、自分しかいない。だからアクションを起こすのも自分しかいない。

思いつきですませないために、必要最低限のことは勉強しました。思いつきで生きてきたからよけいに、ここらがそろそろ正念場だと思ったのでしょうね。見通しもある程度たちました。最終的にはやってみなければわからない。私に賭けてもらうしかない。母にしてみれば何をいまさらでしょう。父の死後、一人だけ家業に見向きもしなかった長男がのこのこ現われたんですから。第一、親でなく一人の経営者として、ずぶの素人の意見に従う方がおかしいですね。私も相手が親でなかったら、躊躇したでしょう。甘えがなかったとはいいません。会長である母はいきなり参入した放蕩息子の改装案に反対しました。

確かに、私は飲食業は未経験でした。サービス業自体、一生無縁だったかもしれません。アルバイトも工場で力仕事したり、血を売ったりはしましたが、サービス業には一切かかわらなかった。自分がサービスしてもらいこそすれ、サービスする立場に回るなんて……嫌だ、というより無理と思ったでしょう。そういう立場に一度も立たされたことがなかったから。

いざ始めてみると、自分にこんなサービス精神があったのかと意外な面を発見したりもするのですが。

結局、私の申し出は一度断られ、それも無理はないと思い直して、本気度を見せるため、「喫茶ベルク」で一番下っ端の仕事からさせてもらいました。

飲食店がやりたくてベルクを始めたというより、最初からこの場所を占拠したような感覚でした。新宿のこの場所に惹かれたのです。ここで何ができるのか。何をやるにしても、土台を作る必要がありました。それが、この場所にふさわしい、大勢の人に利用される飲食店としてのベルクでした。

■コーヒーという楽器を手に入れる

私が「これはいける」と目の前が開けた最初のきっかけは、一冊の本でした。

著者は永嶋万州彦《ながしまますひこ》さんというドトールコーヒーショップFC本部長だった方です。その本『喫茶店の開店　繁盛　儲け』は、長い間私のバイブルでした。そこに「喫茶店は、コーヒーだ」と書かれてあったのです。

当時は、目の前が開けたというか、目から鱗が落ちました。

そのころの「ベルク」のコーヒーがまずかったというわけじゃないですよ。いや、正直コーヒーの味なんてよくわからなかった。コーヒーの存在すら気にしませんでした。

「ベルク」を新しく立ち上げてから、だんだん私もコーヒーのウンチクをたれるようになりました。へぇ、コーヒーなんてみんな同じだと思った、というリアクションが結構あります。コーヒーなんてただの黒いお湯で「こだわる」という言葉と結び付かない。私もそうでした。

二〇年近く前はまだ、大半の喫茶店利用者にとって、タダで座れない以上一番安いコーヒーで、という程度の役割しか担っていませんでした。喫茶店は、コーヒーを味わうというより、一休みしたり、たむろしたり、時間をつぶしたりして過ごす場所でした。それが喫茶店の魅力でもあったのですが、商売としてはだんだん成り立たなくなりました。

日本でコーヒーが普及したのは、インスタントコーヒーが爆発的に売れてからです。それが日本人のコーヒー像の原型を作った。こだわりようがなかったのですね。「喫茶店はコーヒー」という言葉の真意は、喫茶店の脇役に過ぎなかったコーヒーを主役に抜擢するということです。それはどういうことだろう、とまず単純に興味を覚えました。

そういえば、親戚にコーヒー好きな人がいて、専門店で豆を選んで、自宅でおいしいコーヒーをいれてくれたことがありました。そのときは「いいご趣味で」くらいにしか思いませんでしたが、そうか、豆によって味が違うのか、だったら味を追求できる、と急に他人事でなくなったのです。

■喫茶学校にも通った

喫茶「ベルク」で働き出してから、喫茶学校にも通いました。学校に行ってお墨つきをもらう。そんなのは気休めにすぎない、と吐き捨てていた私が、自分から積極的に行ったのです。ただ事ではありません。もちろん、親に対して本気度を見せるという目論見もありましたが、それまで専門書を読んだり、店で実際に働いたり、あれこれやり出していましたから、タイミング的にもちょうどいいと思ったのです。自分がやっていることを再確認したり、補ったりするという意味で。

あくまでも私の結論をいいますと、学校はやっぱり気休めですね。そりゃ何事も経験で、一通りの実習はやらないよりはやった方がいい。本で読むより、一度でもやっておくといざというときイメージしやすい。

ただ授業料のほとんどは、気休め料だと思いました。

では、学校に否定的かというと、そうでもありません。それどころか、そのとき私がその喫茶学校に行かなかったらいまのベルクはありません。

そこで押野見喜八郎先生と出会ったのです。

■師との出会い

学校という施設にわざわざ足を運ぶことにもし意味があるとすれば、人との出会いだと私は思います。師や友人と呼べる人が一人でも見つかればいい。

一緒にいるだけで楽しい、という友だちが作れるのは子ども時代か、せいぜい学生まででしょう。社会人になってからも遠慮なく話ができるのは、よほど同じ目的意識を持った者同士でないと難しい。

社会人にとっての学校も、お金がちょっとかかりますが、そういう場である気がします。

でも、人とのつながりはどこでどう生きるかわからない。長く連絡が途絶え、あるいは途中で別々の道に進んでも、その先でまたひょんな結び付きがあったりする。人と人のネットワークも、木樽の中に蓄えられたワインのように、次第に熟成されていくのです。そう考えると、人生はけっして短くない。何が起きるかわかりません。

たとえ仕事上の付き合いでも、人との関係である限り、あまり打算的に考えない方がいいですね。立場が違えば、その時点でお互いに譲れることと譲れないことがあります。それだけ、はっきりしておけばいい。それ以上にこの人は利用価値があるかとかないとか、そういうことは考えなくていいのです。考えてもしょうがないからです。

■純喫茶ではなく「低価格高回転」の店へ

永嶋さんの本を読んで、私はベルクを「セルフサービスの店」にしようと勝手に決めました。

セルフサービスと聞いて、お客様の立場でイメージするのは、せいぜい「自分で席まで持っていく」でしょう。セルフがそれほど浸透していない時代はとくにそうでした。が、経営者の立場でまず考えるのは、「低価格高回転」です。永嶋さんの本でそれを知りました。

低価格でなくても、セルフサービスの飲食店はあります。野球場とか遊園地の中にある、ほかの飲食店と競合しない店ですね。

ほかの飲食店と競合する場合、セルフの店がフルサービスの店と同じ価格体系かそれよりも高かったら、人はセルフの店を選びません。

安ければ、自分で持っていくのは仕方ないと思って選んでもらえる確率が高まります。安過ぎると、一体何を食わされるのかという恐怖が高まりますが。

安いと店側の得る利益は少なくなります。しかし、多くさばけば利益は増します。いちいち持っていかなくてすむぶん、手間が省け、数がこなせます。

人通りの多い場所にはうってつけのスタイルじゃないか。そう思って、私は飛びついたのです。

■セルフサービスの店はやるな！

喫茶学校での押野見先生の授業は、一言でいうと、新しい感じがしました。実践的というか、毎年同じことを繰り返して教えているという感じがしないのです。きっと、先生自身がそんな退屈なことをやっちゃいられなかったのでしょう。その場でアイディアが降ってきて、楽しく話せればそれでいいという授業でした。

決定的だったのは、先生が「セルフサービスはやるな」とおっしゃったことです。私は「セルフをやろう」としていたので、びっくりしました。が、じつは一九八〇年代当時、セルフは一種のブームだったのです。セルフの店がどんどんできては、つぶれていきました。

学校に行って何も身につかなくても、一人、友や師と呼べる人に出会えればみっけもんですが、私自身はむしろそれを目的にしました。素人の私が店をやっていくためには、コンサルタントを見つけなければならなかったからです。ビートルズに譬えるとプロデューサーであるジョージ・マーティンを探していました。

■コンサルタントの押野見先生

押野見先生はとにかく歯切れがいい。どんな質問にも間髪をいれず答えてくれます。しかも明快に。先生が何かおっしゃると、相棒の迫川は一字一句逃すまいと全部メモします。私はどちらかというと、何か心に残る言葉が一つあればいい、とのんきに構える方ですが、迫川はメモ魔です。昔のものでも読み返すと、新たな発見があるとか。へぇーっ、と覗き込みます。

押野見先生は、最近丸くなられたのか（あるいは僕らが本当に認めてもらえるようになったのか）、あまり厳しいことをおっしゃらなくなりました。こちらから問題を引き出そうと、店が雑然としてますよね、とふってみても、この雑多な感じは出そうと思っても出るものじゃない、とむしろ肯定してくださるのです。

以前、もう少しメニューをしぼって、効率化をはかるべきではないかと相談したときも、たった一言、「ベルクらしくない」でした。「ベルクらしくない」この言葉は、その後、私たちの間で決めゼリフになりました。

ベルクらしい。そこが「お客様の支持を得ている」と押野見先生に断定されると、迷いがすぱっとなくなるのです。普通はそうだが、こうであるのはどうなのかと悩むと、こうだ、といい切ってくれる。自分たちのやっていることを裏づけてくれるのですね。

■的確なアドバイス

こうではない、と意表をつかれることは、もちろんいままで数え切れないほどありました。ベルクドッグのパンを開発したときも、職人がいくつかサンプルを用意し、当然、一番の自信作をすすめてくれました。すると押野見先生が、「一〇〇人の来客数の店ならこれだが、一〇〇〇人の来客数の店ならこれ」と別のパンを指したのです。押野見先生にいわせれば、ベルクは「大衆娯楽サービス業」です。一押しは、パン好きには食べ応えのあるパンでしたが、「大衆」にはまだ早すぎたのですね。時代に遅れすぎても、早すぎてもいけない、半歩先を行け、とデザインの世界ではいわれますが、「大衆娯楽サービス業」にもそれは当てはまるのでしょう。

　チーズも、長い間力を入れたメニューにしたかったのです。でも、まだダメ、まだダメと押野見先生からストップがかかりました。そしてある時期、やっとお許しが出たのです。やはり、いま、どれだけ需要があるか、というデータが判断基準になるのでしょう。チーズの専門店は、いまでは当たり前ですけれど。当たり前になるちょっと前から、ベルクではチーズ色も強めたのです。

　日本酒は、迫川が押野見先生におうかがいをたてず、勝手に趣味と割り切って始めました。いくら何でも、カフェにお酒は合わないと思いましたが、銘柄と品質にこだわり、細々と地道に続けるうちに、一升瓶が平気でゴロゴロ空くようになりました。趣味である以上、「大衆」に背を向け、マニアックに徹したのが良かったのでしょう。

ビジネス＝ライフワークと考えてみよう

■自分のお店ってなんだ？

自分の店を作る。自分の感覚を隅々にまで投影して。不思議と私はそんな風には考えませんでした。やろうと思えばいつでもそれはやれるじゃないですか。だからやるとしても最後だ、と思いました。

私がやろうとしているのはビジネスでした。いや、そのために自分の感覚を殺すかそういうことじゃないですよ。

ここで一つ念を押しておきたいのは、ビジネスは必ずしもお金儲けだけではないということです。お金に苦労したことのない人がいいそうなことだと呆れられるかもしれません。このご時世、理想だけを掲げても空しい、そんな悠長なことはいってられない、と。

もちろん、お金はあるに越したことはありません。お金儲けというだけで、汚いとか卑しいという言葉が出るほど私はウブではありません。まがりなりにも八人の社員を抱える零細企業の社長ですし。

また、ベルクをリニューアルする当初の目的はビルのオーナー側に実績を見せることでした。実績とは、結果。つまり、数字（売上や営業年数）です。単純にお金儲けなら、お金が入ることだけでなく、出ていくことも考えなければなりません。なるべく多く入って、なるべく少なく出るようにしなければなりません。でも、もちろんそれは考えましたけれど、とりあえずビルのオーナーや世間に向けて示せるものって、どれだけ客数（支持）があって、どれだけ売れているかでしょう。売上を上げることはいつも念頭にありました。つまり、それは何の後ろ盾もない個人店が、駅ビルで商売を続けるための唯一の策だったのです。

ただ、私がここで整理したいのは、お金そのものに対する考え方です。

お金は、なければならないものというより、ないと単に困るものですね（生死に関わることもありますが、ここではあえて理屈をいわせてください）。お金は目的というより、本来、手段にすぎない。

お金が目的化するのはよくわかります。誰でも、一生に一度は一獲千金を夢見るでしょう。別にそのお金で何してやろうという野望があるわけじゃなく。もし大金を手にしたら、私だってくらくら目眩《めまい》がします。アドレナリン出まくりです。

そうなりたいという欲望を否定はしません。それを認めた上で、お金は手段にすぎないというのです。お金に目を奪われると、足をすくわれ、大事なものを失いかねません。

自分が何をしたいのか、何が大事なのか、ということを見極めないと、仮にお金があっても、有効に使えませんね。せいぜいお金を貯めるのが趣味の人になってしまいます。人それぞれの人生です。それでもかまいませんが、かえって貧しい感じがします。

■ビジネスは一生もの

私も、よく立ち止まってこう考えます。ビジネスにお金は必要だけれど、お金のためのビジネスじゃないよな、と。ではビジネスとは何なのでしょう。ビジネスというより、もう少し範囲をゆるめてライフワークとしてみてはどうでしょうか。

一生やれるという保証がなくても、人生や生活が豊かになるという意味での「ライフ」です。人生……それは、もう少し具体的にいえば人間関係であり、自分との関係であり、街との関係であり、自然との関係であり、宇宙との関係でもあります。

何であれ、私は自己完結を警戒します。人間である以上、多少は仕方ないですよ。

年をとるごとに身体も考え方も固まります。が、それに無自覚になったら終わりのような気がするのです。お金儲けですら、柔軟性を求められるという意味では、自己完結を許さない。でも、それが目的化してしまうと、それも一種の自己完結です。

いつも私はビートルズを見本にするのですが、ビートルズほど世界中にレコードを売りまくったアーティストはいません。そのため、彼らを商業主義の権化のようにいう人もいます。

ジョン・レノンは、僕らの音楽を理解できる人は世界中に一〇人もいない、と人気絶頂の最中、彼らしい毒舌を吐いています。しかし、それは一理あるかもしれないと思います。彼らの詞や音には、ごく一部の人にしか通じないマニアックな遊びがあったり、狂気じみたところがあったりするからです

彼らも一獲千金の夢が頭をよぎったことはあるでしょうが、お金儲けのために音楽はやらなかった。彼ら自身が、音楽に誰よりもさめながら誰よりも夢中になっている。もし、そうではなく、単に売れることを狙ったあざとい感じだったら、人気はすぐさめたでしょう。「ラヴ&ピース」というお決まりのセリフも白々しくなるくらい、ジョンの歌声をじかに聴くと、なんともいえない浮遊感を覚えるのです。うまくいえませんが、要するに彼らの音楽には記号化できない直接的なインパクトがあります。

一方で、売るための仕掛けもあった。さりげなく。巧妙に。やはり自分たちの音楽

を一人でも多くの人に聴いて欲しいという願望は強かったのでしょう。あるいはファンの期待に応える面もあったのでしょう。

場とは何か？「自己完結を許さない場」でも「個人の感性に還元されない場」でもいいですが、こういういい方もできます。ビートルズ以降、楽団（バンド）は決められた曲を演奏するために編成されるのではなく、誰と組むか、どの楽器を使うかということがまず問われるようになった。それによって、音楽のあり方が決まるのです。

■儲けと人気と

儲けが優先なら、どの曲（作者）でいくか、どう演奏するか、どうお金を配分するか、どう作業を分担するかといったことをまず決めるでしょう。その方がシステムとしては無難で安全だからです。企業とか組織というのは、そういうものですね。ゴールを決めて、そのために何をしたら良いかプランを立てる。そこには目的そのものを揺るがす他者はいません。つまり、自己完結的なのです。個人で完結するわけではありませんが、個々の役割は決められており、全体で完結している。皮肉なことに、ビートルズという、システムとしてはきわめて不透明で危なっかしいバンドの奏でる音楽が大当たりし、一番レコードを売ってしまった。たまたまかもしれませんが、その衝撃は大きかった。彼ら自身は一〇年突っ走って、全身全霊でコンサートやレコード制作をこなし、燃えつきて身を引きました。

■プロデューサーは必要だ！

ビートルズとベルクとでは、お話にならないくらい何から何まで違い過ぎます。かたや歴史に残る世界的なロックバンド、かたや新宿駅の片隅にある無名のカフェ。私たちがバンドの奏でる音のような店を作るには、場所があって、業態が決まり、メンバーがそろったくらいではまだ条件が足りませんでした。なああで自分たちの趣味に走り、「自己完結」どころかただの「自己満足」で終わる可能性が充分ありました。あと何が必要なのか。

まずコンサルタントだ！　ととっさに思ったのです。

プロにまかせる、ではなく。やるのは、自分たちですからね。まかせるも何もない。自分たちで考え、試行錯誤するしかない。その助けをお願いするのです。あるいは、暴走を止めてもらう。プロの判断で。

女性が昼間からひとりでビールを飲んでいても違和感のない店にしたい

■セルフへの挑戦

私が通った喫茶学校に、父の代にお世話になった先生がいらっしゃると聞いていたので、まずその方のところを訪ねました。

その先生にベルクをセルフサービスにしたいと話してみたら、手離しで賛成してくれました。それから、新橋駅の地下の改札のそばにあった「パドック」という店を教えてもらいました（その後、場所をちょっと移動しました）。一目見て、これだ！と思いました。

ロケーションも、JR駅の地下の改札そば、サラリーマンやOLが多い、とそっくりでしたし、店の造りも、入り口が細長くて奥がちょっと広がるL字形、面積も二〇坪あるかないかと、瓜二つといってよかった。

お昼時間だったからでしょうが、お客様がひっきりなしに入ってくるのを見て、軽いカルチャーショックを覚えました。

茶色を基調とした落ち着いた（無難な）内装。セルフサービスで、コーヒーとフード合わせてワンコインというリーズナブルな（日常使いの）価格体系。「ドトールコーヒー」の後釜ですね。ドトールと違うのは、生ビールをグラスで出していたこと。すでに「プロント（PRONTO）」が、コーヒーとビールの二本立てをやっていましたが、朝と夜に分けていました。「パドック」は、フードメニューが時間帯によって変わるものの、アルコール類は朝からでも飲める雰囲気でした。

「パドック」を見て、一挙にイメージが固まったのです。教えてくださった先生とはそれ以上のご縁はなかったのですが、それで十分過ぎるくらいでした。

それよりも私が気になってしょうがなかったのは、押野見先生の「セルフはやるな」でした。先生の後をつけていって、駅前の横断歩道の信号が赤になったところで、先生を捕まえました。コンサルタントをお願いするためです。「セルフをやるな」ということはセルフサービスの難しさ、問題点をよくご存知だからだ。それを教えていただくのが一番ためになると思ったのです。

先生にまず「ベルク」のある場所を伝えました。すると、「それはセルフ（が一番いい）ですね」とじつに拍子抜けするほどあっさりした答えでした。

■クイックサービスでもこだわる

セルフといえば、クイックサービスです。早くて便利というのが、とりあえずセルフの売りです。

自分たちがクイックサービスを心がけているせいか、ほかの店で買い物をすると、店員の動きがスローモーションのように見えることがあります。そういうときは、狭いニッポン、そんなに急いでどこへ行く、と自分にいい聞かせるようにしています。でも本当は、クイックサービスも、急げばいいというものではありません。急いで雑になったら、意味がない。緩急自在といいますか。急ぐべきところでは急ぎ、時間をかけるべきところでは時間をかけます。

セルフは、作り置きが主流です。あらかじめ用意しておく。ところが、作り置きすれば、たいてい味が落ちます。フルサービスの店でも、混むのを想定して、あらかじめご飯をよそっているところがあります。じつはある人気店に入ったとき、ご飯の表面が乾いていてわかりました。お客様というのはシビアなものです。だって、やっぱりご飯はしっとりしていて欲しい。ひと手間を惜しみ過ぎではないか。

ベルクでは、どんなに混んでも、ご飯はオーダーを受けてからよそいます。そこは譲れません。まあ、狭すぎて作り置きしておく場所もないのですが。ソーセージも、直前に封を切って、少しずつゆでます。できるだけギリギリにスタンバイする。それが鉄則です。早過ぎてはいけない。時間が経つほど、食材は劣化します。

食材を最大限に生かす。それがポイントです。

そのポイントを押さえず、速ければなんでもありになったら、飲食店であることすら忘れてしまいそうです。

■繁盛している立ち飲み屋の味から学べ

セルフサービスは、日本になかなか普及しなかったという印象があります。でもほら、マックがありました。ＴＶＣＭ等の影響が大きかったのでしょうが、何といってもアメリカの象徴。世界中に浸透しました。どこへ行っても同じ味。同じ作り。そういう安心感があります。

あと、日本にはそもそも立ち食いそばがあります。お金を払う。すぐ出てくる。すする。すぐ腹が満たされる。立ち食いそばの客に男性が多いのは瞬発力が勝負（？）の男性の生理に合っているのでしょうが、とにかくすごいインパクトです。だいたい、立って食べてもらえるというのは、セルフの中でも最強のインパクトである証拠です。不味いものを立ってまで食べようとは思いません。

ベルクも、開業から数年経ってある程度軌道にのっても、なかなかカウンターには立ってもらえませんでした。

繁盛している立ち飲みの店を見つけたら、そこは、安い！　とか、それでいて味が本格的！　とか、ヴォリューム満点！　でも何でもいいのですが、強烈なインパクトがあるに違いないと思っていい。

■気軽に立ち飲みできるカフェ

女性が一人で気軽に立ち飲みできる店にしたい。迫川が最初から思い描いていたイメージです。

迫川の熱い思いを語ってもらいましょう。

＊

女性が一人で飲める店は、思いのほか少ない。女だって、一人で飲みたいときがある。気分が良くて、むしゃくしゃして、考えごとしたくて、ボーッとしたくて、男とおんなじです。でも女が一人で飲み屋に入ると、放っといたら失礼とばかりに見知らぬ男の人が話しかけてきます。無視すると愛想がないといわれ（赤の他人にいわれたくない）、ちょっと愛想笑いすれば、もう隙あらばという感じでうざい。なかなか一人になるのは難しい。結局、缶ビールを買ってお家で飲むはめになります。女でも、お家以外でなんにも気にせずに飲める空間。それが願いでした。

　気軽にといっても、口にするものが粗末だったら、気持ちはすさみます。味やサービスのわりにお値段が高いとしらけます。なんか一人、目立つのも避けたい。ざわわしていて、いろんな人がいて、ワインも日本酒もグラスで飲めて、おつまみもお手ごろ。煙草も吸えるし。誰も気にしない。

　ベルクのカウンターを、実際そんなふうに女性客が利用するのを目にしたときは、やったー！　と思いました。うちの若い女性スタッフも、あがりで昼間からカウンターでくいっとやってるし。自分もいつのまにか便乗してくいっと。そういう女性が店内でちらりほらりと増え、いまでは当たり前の光景になりました。もっと増えてもいいな。酒は男だけのものではない！　女だって楽しまなきゃ！

＊

「大衆娯楽接客業」とは何ぞや？

さて、そんなわけで現在のベルクがあるのですが、「ベルクって何屋？」と聞かれたら、ベルクはベルクでしかないと答えざるをえません。ベルクのような店を、あえて業態で表現してみるとするなら、「大衆娯楽接客業」だと私は思います。

「大衆娯楽接客業」とは何か？　店の新人向けマニュアルに私はこう書いています。

■大衆とは？

まず、「大衆娯楽接客業」の「大衆」とは何でしょうか。同義反復になりますが、ベルクにいらっしゃるお客様のことです。

商売では、誰の迷惑にもならず、いただくものさえいただけば、お客様の性別や年齢・職業・人種等は問わないことになっています。とはいえ、実際には何をいくらで売るかで、すでに客層をある程度選別していることになりますね。世の中には、若い女性相手の商売もあれば男性相手の商売もある、外国人相手の商売、お金持ち相手の商売、といろいろあります。

ベルクのように新宿駅という大ターミナルの中に位置し、商品のアイテム数が一〇〇以上（ホットドッグとかカレーのようなイメージしやすい大衆向き商品から、マニアックな商品まで……）、しかもワンコイン＝五〇〇円で飲めて食べられて「一段落」できる飲食店は、文字通り多種多様な人達がお客様＝大衆となりえます。

■娯楽とは？　芸術とは？

例えば、「はじめがあれば終わりがある」とか、「お金を払えば好きな物が買える」とか、「人殺しは悪いことで罰せられる」とか、そういった人の世を人の世たらしめる通念（世間一般の考え方）がありますね。

ただ、通念は普遍的なものじゃありません。むしろ歴史的・地理的な条件によって塗り替えられます。

で、通念そのものを揺さぶるのが「芸術」だとすれば、通念の枠内で人を楽しませ、驚かせ、泣かせ、感動させるのが「娯楽」です。まあ……本当は、これが芸術、これが娯楽という明確な線引きはないんですけどね。

ただ、あえて分けると、娯楽は予定調和的で、そういう意味では快適であるのに対し、芸術は調和のしようがなく、不快ですらあります。

それでも、通念は通念にすぎないという認識をもたらす衝撃を、つまり芸術を私たちはどこかで求めています。それはそうでないと息がつまる、というか、やってられないからじゃないでしょうか。

ベルクでも、写真展や「ベルク通信」で、芸術といったら大げさですが、これをやったらヒンシュクものかもしれないというギリギリの線で写真を飾ったり、コメントしたり、コーヒーショップらしい雰囲気やイメージを（一方で固めながら、一方で）くずすような一撃を忘れずにいようとは考えています。

■接客とは？

例えば、飲食店では、「三名様ですか？」は、「いらっしゃいませ」以上に、店の入口でためらっている人々をいきなりお客様モードにする接客用語です。

一つの店には、商品の味、ヴォリューム、見た目、あるいは品質管理とか、身だしなみとか、店内の清潔度とか、数限りなくチェック事項がありますが、どれも接客の一環であることに変わりはありません。

接客とは、人が、少なくとも店に入ってから出るまでお客様モードでいられるための演出であり、技術です。

お客様モードとは、自分が歓迎されている、もてなされている、敬われていると思い込める状態ですね。

いくらこちらが歓迎し、もてなし、敬っているつもりでも、相手がそう受けとってくれなければ、意味がないのです。

■ＰＯＰについて

また、大衆娯楽接客業において、インパクトや即効性のある広告、ＰＯＰは、最重要チェック事項の一つです。その点では、資本力のある大手は強いが、うちも負けちゃおれません。

ベルクなりに、手作りのオリジナル色の強いＰＯＰを作っているつもりなんですが、キャッチコピーとか、大手にパクられると（うちが弱小だからっていい気になりやがって……といいたくなる、みえみえのパクリが過去何件かありました）、さすがに地団太踏みたくなります。

ＰＯＰのでき映えが、商品の出る数を、つまり、店の命運を左右するのは事実です。それにしてもちょっと壁にＰＯＰを貼り過ぎで品がないんじゃないの？　という意見もありますが、これ外せば外すほど、実際に客数（商品の出る数）が落ちるのです。

「品」をとるか、「客数」をとるか……。

ベルクを始めてから二〇年近くの歳月が過ぎました。それを私なりに振り返ろうと、幼年期までさかのぼってみました。父のこと、家族のこと、暗い青春時代、新宿、ビートルズ、コンサルタント押野見先生との出会い、これらは避けて通れないというか、わざわざ避けて通ることもないかと思い書きました。ノスタルジックな気分になりましたけどね。そんな思い出（私だけでなくいろいろな人の思い出）や出来事がベルクという店を熟成させる大事な成分になっているのも確かなのです。

BERG MAP
ベルク
新宿区新宿
3-38-1
ルミネエストB1
7:00
〜
23:00
そば本陣
有料WC
B階段おりて右 WC
ご自由に
横に開きます。お取り下さい
レジくん
ご注文お会計は
こちらでどうぞ
お冷
スパイスコーナー
食器はそのまま
こちらに
お下げ下さい
11:00〜15:00
禁煙席
お持ち帰り用
コーナー
お持ち帰り用
コーヒー
ベルク通信
バックナンバー
柱
食器トレー
下げ台
&
ダストBOX
コーヒー一杯
生ビール一杯
からどうぞ
お気軽に
ご利用下さい。
ご注文は
奥のレジで。
お荷物を
お席に置かれ
ましてから
どうぞ。
バーの後ろがお荷物置場
壁はマンスリーで写真展・絵画展
ため息ノート
お席がいっぱいでしたら
カウンターで
いきなり
立ちのみも
できます!
お席が
あくまで。
ゴミの分別
にご協力
下さい
チラシ・DM
フリーペーパー
丸の内線
その先 都営新宿線
西武新宿線
(アルタ前・交番
はとバスへ)
下り階段
上り階段
西口へ
伊勢丹・三越へ
JR線中央東口
京王線
小田急線
その先
JR線東口改札
BERG
COFFEE BEER HOTDOG
QUICK CHEAP GOOD TASTE

第5章

個人店が生き残るには?

息の長い商売をしたい

■短期決戦の思考を捨てる

私たちが狙っているのは一獲千金ではなく、お客様や業者さんとの信頼関係を築きながら店をまわしていくことです。つまり、店は長期熟成のビジネスと考えた方がいい。短期決戦型の思考を捨てるべきです。でも、これが意外と難しい。

金に糸目はつけない。時間をいくらかけてもいい。たった一日の究極の店を作るとなれば、そりゃ気持ちは盛り上がるでしょう。しかし、そんな話はテレビ番組の企画のなかにしかありません。現実の店はあらゆる点でその対極にあります。

限られたお金、限られた時間で食材や人を用意しながら、日々営業を続けるのです。立ち飲みなのにお客様になかなか立ってもらえず、椅子を入れてはなくし、入れてはなくしと繰り返す店をいくつか見ました。私もその気持ちは痛いほどわかります。経営者にしてみれば、早く結果を出したいですから。でもみっともないというか、お客様からすれば何がしたいの？　という感じでしょう。かえって信頼を失います。

ただ、長期的な展望は、経営者が現場にいればそう難しいことではありません。いい意味での「ずるずる感」も生まれるからです。数字だけを見ている経営者だったら、焦るでしょうけれど。

セルフサービスの個人店にとって最初の難関が、お客様に来店してもらうこと。次の難関が立ってでも利用してもらうことでした。

立ち飲みは回転率が見込め、狭い店内を有効に使えるという意味もありますが、店の魅力をはかるバロメーターにもなります。

現場感覚からいえば、難関を乗り越えてきただけに、利用してもらえるありがたみもひとしおです。「ありがとうございます」を本心からいえるのは、やはり商売における最高の充実感です。

■コンサルタントのデータは目安になる

ベルクのオープンに向けて、押野見先生が作成した計画書は、その後のベルクのあらゆる方向性を決定づけました。そこには、店の環境分析、ターゲットにする客層、メニュー構成、時間帯別あるいは年度別の目標売上、目標客数、コストの割り振り、当面そろえるべき厨房機器等が事細かく書かれていました。

押野見先生ご本人はどこにも属さない一匹狼ですが、仕事は主に企業や大手チェーン店向けのアドバイザーです。データが豊富で、分析が具体的です。市場でこの業態はこの程度受け入れられている。だからこの条件ならこのくらいいくだろう、と即座に数値化できるのです。それをうちの職人たちなどは、苦手に思うようです。職人の経験や勘は数値化できませんからね。

私も別にデータが絶対とは思っていません。ただ商売上の目安になるのは確かです。使いようによっては、鬼に金棒になる。

■一年の運転資金は？

金融機関にお金を借りるときも、こういう厳密な計画書はものをいいます。お金を貸す側にしてみれば、やはり計画がきちんと立てられているかどうかで判断するしかありませんから。

お金を借りる話をちょっとしますと、資金繰りで意外と見落としがちなのが、開店から一年間の運転資金です。大手系列の有名店なら、開店当日からお客様はよどみなく入るでしょう。しかし、無名の店はほぼゼロからのスタートです。お客様がある程度定着し、軌道にのるまでに最低一年と考えた方がいい。

お客様が入らないからといって、人手を減らしたり、品数を減らしたりしていると、いつまでも信頼が得られず、ますますお客様は遠ざかります。

例えば、急にたてこんでオーダーと商品提供がスムーズにいかなかったら、そのときのお客様のリピートを見込むのは難しくなります。ピーク時というのは、飲食店にとって最大のポイントです。飲食店はそこをいかにさばき、いかに次につなげるかにかかっているといっても過言ではありません。つまり、一年間は食材や人件費を捨てる覚悟で万全の態勢を整えておく必要があるのです。

ベルクも、最初の一年間は無名のセルフだったせいで、ほとんど利用してもらえませんでした。人が入ってきても、どんどん素通りされ、喫茶店時代の常連もほぼ一〇〇％近く離れました。

場所が良いといっても、ベルクがあるのは通路の途中です。基本的には通り過ぎられる場所です。ちょっと引っ込んでいますから、視界に入りにくい。気づいてもらえればこんな便利な場所はないのですが、もともとベルクのような立ち飲みは腰を落ち着けたい人より、急いでいる人が利用しやすい業態です。急いでいる人は、わざわざ探しにきてくれない。

それでも一年あれば、そういうお客様も何かの拍子で入ってきます。そのうちの何人かはリピートします。

■目立とうとすれば品は落ちるが積極的に

呼び込みも、功を奏しました。そこはやはり、待つだけでなく積極的に出ていく。とにかく、その場で利用してもらえなくても、店の存在に気づいてもらうのが先決です。ビルのオーナーから嫌みをいわれても、チカチカ点滅するライトを外しませんでしたし、目を引くことは一通りやりました。品は落ちます。そりゃ上品にやれるならやりたいですが、個人店は素手で勝負するしかない。手をぱんぱん叩いたり、声を張り上げたりするうちに、曲線を描くように客数と売上が伸び、一気に目標に近づきました。ロスもぐっと減りました。

この一年がもちこたえられなければ、意味ないのです。一年はしょうがない。くどいようですが、大手のようにネームバリューや宣伝力がない個人店なのですから。でも、一年経てば成果が現われはじめます。計画を裏づけるデータがよほど杜撰《ずさん》でない限り。

借金を重ねないに越したことはありません。ただ、一年で軌道にのるための運転資金なら、私は借りていいと思うのです。目先のお金を惜しむよりも、目の前のお客様の信用を得る方が先決です。最初の一年はとくにそうですが、基本的にはずっとそうですね。

信用とは期待に応えることです。

期待以上の感動を。それがサービス業のあるべき姿といわれますが、確かに、一つでも二つでもお客様に感動をあたえられれば理想的です。感動とは、いい意味での驚きです。

飲食店の場合、いろいろ演出もありますが、とどめは味でしょう。

驚かせる喜びを知ったら、一人前の証拠かもしれません。逆にまずいものを出したら、期待を裏切ることになります。裏切ったという自覚があれば、まだ可能性はありますが、無自覚なままでは身の破滅ですね。店がやっていると思ってわざわざ行ったら、休業だった。食べられると思っていたものが食べられなかった。そういうのも、お客様の期待への裏切りです。よほどのフォローが必要でしょう。品切れも、単に用意していなかったのならマイナスイメージですが、「売り切れ」ならむしろプラスイメージです。嘘をつけ、というのではありませんが、嘘も方便。罪のない嘘ならば。それが芸になれば大したものです。

一度失った信用を取り戻すのは、並大抵のことではありません。その自覚が大事です。失敗は誰にでもある。そのときにその失敗をどう取り返すか、マイナスをプラスに転じられるかどうかで、人も店も真価が問われます。

薄利のインパクトで多売を可能にする経営

■商売は大胆さとケチさのバランス

商売である以上、利益を出すのが目的です。ただ、実際に商売をする身からすると、利益が出ないと商売が続けられないという方が、実感に近い。

現場の感覚では、目的はむしろ続けることなんですね。

ちょっと客観的に考えると、え？　ゴールはないの？　といいたくなりますよね。続けられなくなるまで続けるのか？　力つきたときがゴール？

私もそう思うと、一瞬立ちくらみがしそうになります。人間、年をとっていきますからね。年相応の仕事があればいいですが。

生涯現役でいたいという気持ちは、変わらないのです。働くのが好きなのか？　たぶん、お酒や女性と同じで、仕事とも一生のお付き合いをしたい。

やれやれと思ったら終わり、とある高名な女優さんはいっていました。毎日仕事を続けていれば、八〇歳、九〇歳になっても続けられるともいわれます。やれやれと思って一度ケリがついてしまうと、体力のみならず気力の点でやり直しがきかなくなるのでしょう。

商売はその日その日が勝負で、よけいに先のことがわかりません。ただそれは必ずしも絶望を意味しません。むしろ今日一日が充実している証拠かもしれない。先のこととは、とりあえず明日のことです。明日も今日と同じように勝負できるだろうか。それだけです、問題なのは。

続ける。いえ、続いているといった方がよりリアルです。自分の意志を超えたところで店はまわっていますから。それが店の経営です。

その回転を少しでもスムーズにいくように配慮する。それが、いわば経営者の役目です。

利益を出すのも、だから目的というより経営者の役目であり、店をまわす上での配慮なんですね、私の感覚では。

経理はいまのところ、会長（母）まかせです。一円の誤差を追及する仕事です。絶対に必要ですが、それに縛られたら思い切った経営ができない、というのを口実に、私などはどんぶり勘定というわけではありませんが、現場で培った直感を頼りに、絶妙なバランスをとっているつもりです。ときには、イエローカードが経理から出たりしますが。

利益を出すというのは、よくいわれるようにコストを抑えることでもあります。ケチでなければお金持ちになれない、といいますもんね。無駄使いは禁物。とはいえ、商売はライブで、ときには太っ腹な大胆さも必要です。だからこそ、一方で厳密な経理やコスト計算が必要なのです。

本書は、ベルクの現場感覚やそのアイディア、人生観に重点を置き、そういう数字の話にはあまり触れていません。私自身、その方面が苦手だからですが、それでも最初に専門家に相談し、専門書を参考にしながら、用意周到な事業計画を立てました。それがなかったら、とっくに破産していたでしょう。でも、逆にいえばそんな私でも勉強すればどうにかなるのです。

ちなみに、自分は何が苦手かを自覚しておくことは必要です。そこは人一倍勉強したり、人に助けてもらったりして補えばいいのです。

■原価率のメリハリでインパクトを

おおざっぱにいうと、例えばベルクのような低価格高回転の店の食材原価率は平均、ドリンクとおつまみが三〇％、アルコールが五〇％、フードが四〇％、テイクアウト商品が六五％という目安（基準）があります。

当然、原価をかけた方が（値段のわりにうまいとか、食べごたえがあるといった）インパクトは出ます。ときに景気づけに、原価率六〇％以上のフードをお出しすることもあります。五〇％という上限をあえて破ったという意識がありますから、その代わり数を限定するなど、ブレーキがかけられます。

また、味はおすすめだけれど原価が高く、まともに基準を守ったら、価格がほかの商品の倍になってしまうという商品も、もし提供に手間がかからなければ（手間もコストの内なので）、例外的に原価率を無視し、利益をほかの低価格商品と同程度で良しとする場合もあります。ここでも、「例外」という文字はしっかり胸の内に刻まれています。

この「例外」「景気づけ」という意識さえあれば、自分の首をしめずに、商売にハズミがつけられます。そのお店ならではの個性（売り）になります。

数字だけ見ていたら、そういう芸はできません。ただし数字をあなどると、商売は破綻します。

お客様に気持ち良く商品をお買い求めいただくのが、商売の目的というよりも、醍醐味ですね。商品を選んで買うという行為自体が、お客様にとっては日常におけるささやかな晴れ舞台です。

それをいかに演出するかが私たち店側の役目であり、腕の見せ所です。そこに醍醐味が感じられなければ、結局商売をやる意味がありません。

利益は結果としてついてきます。ただしポイントを押さえる必要がある。それがコスト計算だったりするのですね。

経理と経営はそのように位置づけて考えるのが、私は健全だと思います。

■薄利多売の商売の魅力とは

低価格高回転のセルフサービスは、一言でいえば薄利多売の商売ですが、フルサービスのように回転数（客数）に制約があまりないんですね。

つまり、利益をいくらでも出す可能性があるのです。

そのためには回転率を高めなければなりません。だから客数はいつも気になります。

しかし、店がどれだけ支持されているかのバロメーターになるのは、客数よりも販売個数です。しかも一人当たりの平均販売個数（全体の販売個数÷客数）ですね。これがその店の商品力を一番わかりやすく表わした数字でもあるのです。

ちなみにドトールなどは一・二くらいといわれます。マック（マクドナルド）は三です。マックでは一人平均三個の商品を買っているわけです。それだけドリンクのみの客よりフードも注文する客が多いということです。広告・宣伝によるものとはいえ、

ベルクの材料コスト表

	売上構成比 （A）	部門別コスト （B）	部門別相乗積 （A×B）
ソフトドリンク	28%	22%	6.1%
フード	22%	40%	8.8%
アルコール	20%	50%	10.0%
おつまみ	15%	33%	4.9%
物販	15%	68%	10.2%
	100%		40.0%

当初、材料コスト率の目標（理想）は40.0%でした。しかし現在フードを50%までかけているので、コーヒーを含むソフトドリンクの販売個数をのばし、下の表のように材料コスト率の目標（目安）を42.5%としています。

	売上構成比 （A）	部門別コスト （B）	部門別相乗積 （A×B）
ソフトドリンク	30%	25%	7.5%
フード	22%	50%	11.0%
アルコール	20%	50%	10.5%
おつまみ	15%	33%	5.2%
物販	12%	68%	8.2%
	100%		42.5%

純喫茶時代のベルクの1日の売上は15万円程度。もしフルサービスのまま店の魅力を高め、客単価を上げても、あの店の規模だと30万円がマックスでしょう。が、いまベルクは1日の売上60万円時代に突入しました。材料コストは高いですが、売上が上がれば上がるほど家賃などの固定費率はどんどん下がります。セルフサービスはいくらでも売上を上げる可能性を持つ業態なのです。

■1日売上平均55万円の場合

材料コスト	42.5%	
人件コスト	24.2%	
家賃コスト	7.5%	（4万1千円）
水道光熱費	4.5%	（2万5千円）
消 耗 品 費	3.2%	（1万8千円）
そ の 他	1.5%	（ 7千円）
計	83.1%	

やはりマックの商品力は凄まじいものがあるのですね。

ちなみにベルクは現在一・五に近づきつつあります。ちょうどドトールとマックの中間ですが、カフェとしてはきわめて高い数字といえます。

セルフサービスの店は、フルサービスの店に比べてテイクアウト率も高い。だから店の規模にあまり関係なく売上をのばすことができるのです。

回転を高め客数をのばし、さらに商品力を高めて一人当たりの販売個数をのばせば、固定費率はどんどん下がりますし、そのぶんいくらでも利益を出すことができるのです。

■アンチリタイア主義で体調管理

四〇歳までに老後の蓄えをすまそうと、死に物狂いで働く人がいます。リタイア主義というんでしょうか。目標を達成したら、引退して、余生を過ごす。結構なことですが、それって、もう完全に聴衆（消費者）におさまるということでしょう？　だとしたら、急に空しくならないでしょうか。心の病気になりそうで恐い。映画も音楽も散歩も仕事も、生活の中に複雑に溶け合っているからこそ、生かされる気がします。

あと大事なのは、当たり前なことですが、体調管理ですね。「健康」という言葉をあえて使わないのは、私もそうですが（油断すると喘息の発作が出ます）、年をとればなおさら、病気と無縁でいるわけにはいかないからです。むしろ病気とどう付き合うか。

私自身は、薬になるべく頼らないようにしています。薬はあくまでも症状を抑える応急処置です。薬を常用すると、別の病気を生み出しかねません。頭が痛いとかアトピーが出るといった症状は、身体のメッセージ、あるいは自然治癒のやむをえない過程です。それを化学的に消去するのはやはり怖いことだと思います。

食事や睡眠にも気を遣いますが、神経質過ぎるとかえって逆効果です。私が毎日欠かさず心がけているのは、下半身を温めることだけです。半身浴と靴下の重ね履きですね。それを根気よく続けると身体全体の血のめぐりがよくなり、活性化されます。排泄が順調になります。それだけでいろいろな病気の症状が和らぎます。逆に、いままで麻痺していたところがよみがえったりもします。疲れがどっと出たりします。

疲れたら休む。非常にシンプルなことですね。

身体の信号に耳を傾けられるようになればしめたものです。それができないと、かえって面倒なことになる気がします。

■商品こそ

コンサルタントを押野見先生にお願いしてよかったと思うのは、アドバイスの重点が商品にあったことです。ふだん、企業を相手に仕事をされているせいか、いわゆる「流行の半歩先を行く商品」とか、「いま、大衆ウケする味」といった食における市場の動向を的確に押さえているのです。そのため、つい全身がデータ人間のように見えてしまいますが、ご自身は鋭い味覚の持ち主で、食に関しては妥協を許さない厳しさがあります。

一番気にされるのも、品質維持がちゃんとされているかどうかといった、食に携わる人間としてきわめてまっとうな姿勢をお持ちです。

ベルクは食材や品質維持に徹底的にこだわるのですが、メニューそのものは、ホットドッグとかカレーライスとか、いわば「食に保守的なおじさんでもすぐイメージできる」わかりやすさがベースです。そういうベルクのあり方も、押野見先生から直接引き継いだものですね。

■優秀なコンサルタントの理想を追求

押野見先生の考えやこだわりが大企業でどこまで通るかというと、難しいものがあるでしょう。現場への普及はさらに絶望的かもしれません。そのうっぷんを晴らすかのように、ベルクではさまざまなアイディアを惜しみなく出してくださいました。私たちも頭をまっさらにして、いわれたことはすべてやりました。コンサルタント料は、

「まともに請求したら目の玉が飛び出るよ」とご自分から金額をおっしゃりませんでした。いまだから明かしますが、本当に気持ちだけお包みしました。その代わり、先生の憂さ晴らしの場所にどうぞベルクをご自由にお使いください、という感じですね。私など飲食のど素人、まったくの未経験者、おまかせするしかなかったのです。

カッパ橋（飲食店に関するものなら何でもそろう問屋街）も知らなくて、先生に笑われました。ベルクが新装開店した当日、店名の看板がどこにもなくて、看板はどうした？　と先生に指摘され、ああ店は看板か、と思ったほど商売にうとかった。でも、だからいいんですよ、と先生に慰められたことがあります。へたにこの業界に染まると、なかなか思い切ったことができない、と。

ベルクは、お客様はもちろんですが、スタッフや職人さん、業者さん、コンサルタントという店を支えてくれる人たちがいます。どの人たちとも、なるべくなら直接会って、話をします。お金を出すからこうして、ではなく、ベルクを使って何がしたいのか話し合うのです。

みんなに店作りに参加して欲しい。その最初のきっかけが、押野見先生との出会いだったのかもしれません。

不器用なスタッフほど熟成していく

■店の活気が第一

店に活気がつけば何でもありだと思っています。いきの良い食材、はきはきしたスタッフの声。それさえあれば店はどうにかなる。声は商売の基本といわれます。ベルクでも、新人の初日の仕事は声出しです。声が出ないと、お客様にやる気がないように見られます。お客様の方もガッカリですが、不思議なものでそう見られる方もますますやる気がなくなるのです。マイナスオーラの連鎖反応ですね。

■活気がないと疲れるのは自分

しょうがなさそうに仕事をするのが、じつは一番疲れるんです。活気は、スタッフが自ら生み出し、お客様にわけてさしあげればいいのです。そうすれば、結局自分に倍になって戻ってくる。それが店を長く続ける秘訣でもあります。

店が活気にあふれれば、多少壁にしみがあったり、扉ががたついていたりしても気になりません。酔っ払って、誰彼かまわずからみたがる客も入りにくくなります。活気を失うと、途端にそういうものが目立ちはじめます。演出上静かな落ち着いた店もありますが、八百屋さんのように声をはりあげなくても、動作がきびきびしているとか、どこかに活気づけ（景気づけ）は必要です。

静かであるのとうらぶれているのとは違います。店がうらぶれたらおしまいです。そういうことは経験をつみながら身につけていく術でしょうが、障害があるとすれば、意識の問題というか、頭を切り替えるきっかけを失うことだと思います。初心を忘れる、といいますか。接客モードに入りそこねる、といってもいい。だから店によっては、朝礼などで気合いを入れたりするのでしょう。

私自身は、やはり切り替えないと疲れるのは自分だと思うようにしています。スタッフにもそういいます。接客っておもてなしですからね。もてなすのは主人である私たちスタッフなのです。

■アルバイトとともに作った

つまり、店の雰囲気を生かすも殺すも私たち次第なんですね。そう思えるかどうかは、スタッフに店作りに参加している意識がどれだけあるかで決まるでしょう。

ベルクのユニフォームやホームページ、店名ロゴは、アルバイトスタッフが自主的に作ったものです。理想的なことです。

普通は一年二年働けばアルバイトはベテランですが、うちではまだまだ新米にすぎない。いきなり私たちと同じ土俵に立てというのは無理がありますし、年月を要するでしょう。ただ「店作りへの参加」という意識がなければ、いくら経験をつんでも意味がありません。

■優秀な人ほどギクシャクしてしまう

仕事がテキパキこなせ、休まず遅刻もせず、明るくて真面目で理想的なスタッフなのに、人の上に立つととたんにギクシャクする人がいます。その人はもしかしたら「礼儀作法が内面化した」人かもしれません。私はひそかにそう呼ぶのですが。

お客様への「ありがとうございます」は、商売の難しさを知れば知るほど自然に出てくる言葉ですが、たとえそうでなくても「ありがとうございます」は、商売をやる以上言った方がいい言葉です。ただ、「ありがとうございます」という言葉も義務的になると、それは礼というより「礼儀作法」です。

礼儀作法というのは、生きていくための知恵であって、武器ですね。ないよりはあった方がいい。ただ自分がそう思って身につけるぶんには自由ですが、他人にそれを押しつけるのは余計なお世話になりかねない。仮に本人が礼儀作法という武器なしでも生きていけるというなら、それによってこちらが困ったり不快な目にあわされたりしても、それはそのときにモンクをいうなり無視するなりすればいいのであって、その生き方を「許せない」とまで根に持つのは行き過ぎです。根に持つのは自由ですが、少なくとも、行き過ぎだという自覚は必要です。

「礼儀作法が内面化された」人は、行き過ぎてしまうのですね。つまり、礼儀作法に自分が縛られると、他人も縛ろうとするのでしょう。

■「許せない！」というのも問題

店に遅刻の常習犯がいて、それをある先輩スタッフがひどく叱りました。叱るのはいい。というか、叱るべきです。ただその後も、先輩はずっとイライラピリピリしていいます。それはまずいと思いました。もうすんだことです。それを水に流せないようでは、商売をやる上で大きなネックになります。というのも、イライラはほかのスタッフに伝染し、余裕ある接客に支障をきたすからです。

遅刻が癖なら、確かにまた次に繰り返す恐れはあります。それを改めさせるにはどう工夫したらいいか。本人にアドバイスするのはいいでしょう。ただ、これはその先輩にいったのですが、「遅刻は許せないことじゃなくて、単に店にとって困ること」

なのです。困ったことが起きたら、打つべき手を打つ。それだけです。それ以上でもそれ以下でもない。

法律というのはよくできている、と思うことがあります。社会通念よりラディカルだったりする。例えば私と相方の迫川は夫婦別姓で、戸籍上は夫婦ではありませんが、法的には（同居などの既成事実により）夫婦と見なされます。戸籍を絶対視するのが世の習わしですが、それに比べ法律の方が現実に則しているのです。戸籍は、日本の家族制度に則しているだけですから。しかし、実際にはそこからはみ出る夫婦も国内にいくらでもいるのです。法律が権力者にとって都合よく作り変えられたり、人々を縛るオキテにされたりする動きがあるようですが、用心すべきですね。

人殺しはいけない。これは社会通念であって、人間社会のオキテのようなものです（戦争時には、あっさり塗り替えられますが）。が、人を殺したら罰せられる、というのが法律です。その罰則が犯罪の抑止力になる面はあるでしょうが、法律はむしろ起きてしまったことに対する具体的な対処法ですね。

本来、法律はルールというより、ルールが異なる者同士、なんらかの行き違いや衝突が生じて、本人たちだけで解決できない場合に、法の場で切り札として使われるものです。

法律は、弱者を守るといいますが、はじめから不利な立場に立つ者への配慮などはあっても、どんな場合でもフェアな判定が下せる絶対的な基準というものではありません。結局、ある程度過去の判例に頼るしかない。つまり法とは、一つの体系というより、データの集積なんですね。ケースバイケースとしかいえないところがある。

話が大きく脱線してしまいましたが、世の中にはさまざまな人間がいる（人を殺す人もいる）ということを前提にしているという意味では、法律は社会通念（人を殺してはいけない）の先をいっているのです。

■喫煙のクレームも多いけど

ベルクは、非常に狭い店内にいつも通勤電車のように大勢のお客様でごった返しています。タバコの分煙もなかなかうまくいかず、かといって喫煙者を排除したくはないので、いまだに全面禁煙に踏み切ってはいません。そのため、やはり煙に関するクレームが多い。そのたびにお席を移動していただくとか、喫煙者に気配りをお願いするとか、それこそケースバイケースで対応するしかありません。が、正直、頭痛の種ではあります。

「タバコは諸悪の根源」というのがいまや社会通念化しつつありますから、余計にそうです。

確かに全面禁煙にすればすっきりはするでしょう。でも、お客様でもないのに、煙がたちこめる店内をたまたま目撃し、何だこの店は！　けしからん！　健康増進法に違反している！　とクレームをつける人もいます。そういう余計なお世話を焼きたがる、いわば行き過ぎの人が年齢に関係なくいますね。

少なくとも、商売の現場で、そういう融通がきかない人がスタッフとして働くのは難しい。不向きだと思います。

ただ、それって一言でいえば、不器用ということですね。本人がそう自覚し、何とかしようともがいているなら、コミュニケーションの余地はありますし、けっして一緒に働くのは無理ではありません。

というか、人間誰しも、どこかで根本的に生きることに不器用なのです。それをむしろお互い認め合って、助け合って働くのが理想ですね。

■飲食店がいつも苦労するスタッフ問題

押野見先生以外のコンサルタントにも、店をチェックしてもらったことがあります。ただ本格的にお願いしなかったのは、相談にのってもらえる内容が、商品開発でなく、接客やスタッフ教育の指導だったからです。押野見先生とのように運命的なコンサルタントとの出会いがなかった、ともいえますが、それらは現場でどうにかするしかない問題だと思います。

接客にしろ、スタッフ教育にしろ、どの店も日々頭を抱える問題です。指導を受けることに興味がないわけではありません。高いお金を払ってお願いすれば、きっと得るものはあるでしょう（自分の凝り固まった考えや癖をほぐすという意味では、現場にいない人の意見が重要なのは確かです）。

でも、「スタッフのモチベーションをあげる」とかいわれても、小手先じゃあまり意味ない気もします。

スタッフ教育について少し触れますと、声出しのほかにも、皿洗いとか掃除とか、未経験者でもすぐ手のつけられる仕事が飲食店にはあります。とはいえ、熟練しなければまかせられない仕事もたくさんあります。

ベルクの場合、あれだけ回転しているのに紙食器に頼らず、ビールはグラスを使います。樽ギネスなどは抜き打ちテストがあって、グラス洗浄一つでもパスしなければその場で販売ストップです（ベルクは連続パーフェクトパイントで最優秀店に認定されています）。

だからというわけではありませんが、食器洗浄もじつは重要任務です。ビールも注ぎ方で味が変わります。それらを本当は何カ月もかけて確実に習得してもらわなければならない。それでやっとこいつは使える、となるんですね。最初は精神的にもたないから時間を短めにして目標を一つ一つ立ててあげるとか、クリアできたかどうかお互い確認し合うとか、それなりの配慮は必要ですが、修業の身であることに変わりはありません。第一、皿洗いや掃除だって、本当は奥の深い高度な仕事です。

もちろん、そうした「修業」的感覚がいまの時代にマッチしないのはよくわかります。とくに飲食店に対しては、「アットホームな雰囲気」を一番に期待して働きにくる若い人が多い。挨拶のできない人も増えており、それでも猫の手になってもらうしかない以上は、お金を払うのはこちらですが、「いや、ここは職場じゃない、教育の場だ」と自分にいい聞かさなければやっていられない面もあります。

パートやアルバイトというのが、そもそも企業が人を都合よく使いまわすのに適した雇用形態ですね。使われる方も、与えられた仕事をそこそこなして満足することに慣れてしまって、ある程度の年月をかけて経験を積むという姿勢がもてなくなっています。募集時も、「気軽に短期」とうたわなければいい反応がありません。そこにジレンマを感じるのは確かです。

■人材も予測不可能くらいに思っておく

だからもうこうなったら、だましてでも仕事を習得してもらおう、と。ものになるかならないかは、こちらの指導力やマニュアルにもかかっているでしょうが、人によって向き不向きというのがありまして、本来それを見極めればすむ話なのです。でも人が安定しにくく、慢性的な人手不足とくれば、明らかに不向きと思われる人でも、その人にとってもいいことではないでしょうが、助っ人としてとりあえず確保します。ところが不思議なもので、そういう人がいつの間にか主要メンバーになっていることがある。人間はある日突然、化けたりするのですね。

食材だって、ひょんなことで傷んだり、熟成が進んだり、予測不能な面が多々あります。

「スローフード」は、「ファーストフード」へのアンチテーゼとして出てきた言葉ですが、必ずしも「はやい」に対する「ゆっくり」ではありません。食材に薬品を使ったり、人を調教したり、要するに、少しでも管理がしやすく、予測不能が回避できるなら、手段は選ばないという企業的な発想に対するアンチテーゼです。

実際、いまは管理されることに慣れている子が多いような気がします。上の立場からすると、確かに扱いやすい。でも、えてして上の立場の人は、下の立場には自分の複製を作るかのように一から十まで指示を与え、失敗したり考えたりする余地を与えない。それをやめさせるのが、じつは一番大変だったりします。

結局、器用な人はぱたっといなくなり、目を覆いたくなるような不器用な人が残ります。世間では、それを「吹きだまり」と呼ぶのでしょうが、そういう人がいつの間にか頼りになるようになり、そうかと思うとちゃんと次の目標を見つけ、惜しまれながら、という一番いい辞め方をします。

挫折なくして人間の成長はないと私は思うのですが、器用であるがゆえに挫折できない人もいます。決定的な挫折を味わう前に、器用に逃げてしまう。いつまでも同じところをぐるぐる回っている。そういう意味では、人の評価というのは一筋縄ではいきませんね。予測不能で、まさにスローフードな世界です。

教育といっても、人を育てるのではなく、人が育ったり、ときには化けたりするのを見守るという感じです。ここぞというところで、手を差し伸べてあげる必要はありますが。

■一日三交替制のゆとり

ベルクは、いわば家族経営が母体で、そういう人的予測不能な面は比較的少ないという前提で押野見先生も計画書を書いてくれました。が、店の売り上げは当初の目標の二倍から三倍になり、店は依然一つのままですが、実質的には二店舗か三店舗増やしたのと同じくらい経営規模が拡大しています。当然、スタッフの数も増えます。

現在、この小さな店に社員の数が、母（会長）と私を含め八人。そのうち二人は元アルバイトです。アルバイトの数は、助っ人からレギュラーまで合わせて、だいたい二〇人ほど（ルミネ館内一多いそうです）。

詳しい実態はわかりませんが、飲食業界の社員の平均労働時間は、一二時間から一四時間ともいわれます。大手チェーン店の店長（社員）から直接、「そんなものだ。だからみんな、身体がもたない」と聞かされたこともあります。だいたい大手系列店はどこもアルバイトが主体で、社員は一人かよくて二人、その肝心のアルバイトがすぐ辞めたり休んだりするため、たった一人の社員が尻拭いせざるをえず、負担が増大するのかもしれません。結局社員も長続きしない。ある意味、都合よく人を使い回してきた企業的なやり方のツケが、回ってきている感じがします。先程も書きましたように、ベルクのような個人店もそれと無関係ではありません。

ただうちはどの時間帯も社員が二人か三人いるようにし、一日三交替で店を回しています。そこは、やはり個人店の強みといえるでしょう。

■個人店に人が集まっている

求人の仲介業者によると、最近、大手有名店よりも、個人店にアルバイトが集まり出しているそうです。うちでも、応募の理由を聞くと、「個人店であるところにひかれた」と答える人が結構増えています。

まあうちが募集要項で、個人店であるがゆえのこだわりをとうとうとアピールしているからでしょうが、それがアピールになること自体、ちょっと前には考えにくかった。人手不足から、いまのベルクはだいぶ解消されつつあります。人も物も使い捨て、入れ替え可能な企業体質に嫌気がさす人が、とくに一〇代二〇代の若年層に増えているようです。

ベルクの一日の営業時間は一六時間。わりと長い。それでも普通は二交代でしょう。三交代は珍しい。各自、一日七〜八時間の実労働を極力守るようにしています。しかも、働く時間枠も固定します。早番が遅番の穴を埋めるなんて、ほかの飲食店ではザラですが、うちではやりません。その時間枠のスタッフ同士でフォローするなどして、どうにかしてもらう。長く続けるためにも、リズムが狂うのを何より恐れます。短期間で燃えつきたくはないのです。

■ベルクのシフトは複雑怪奇

朝と夜の五人体制、昼の四人体制を、スタッフの休憩を考慮に入れながらシフトを組みます。スタッフの休憩を、別のスタッフが補うシフトにするのです。普通は、休憩時は一人減った状態で店をまわすようですが、ベルクの場合、どの時間もひっきりなしにお客様がいらっしゃるので、一人減れば手薄になりますし、ヒマなうちに休憩をとるということができないのです。そこで、交代や休憩を微妙にずらして、絶えず四人なら四人、五人なら五人いるシフトにしました。作るのは大変ですが、その方がお客様に迷惑をかけなくてすむのです。できたシフトは、複雑怪奇ですけれど。

もちろん、腰をすえず、事情もコロコロ変わるのがアルバイトというものです。それに振り回されてなかなか予定が立てにくいのは、うちも例外ではありません。

ただ、個人店の強みであると同時に弱点なのは、むしろ社員全員が現場に出ていること、つまり本部をもたないことかもしれません。全員が毎日顔を合わせる現場ならまだしも、うちの場合、朝・昼・夜と分かれ、しかも年中無休。会って話せば即解決できることが解決できないままになったりします。月一の社員会議は無理してでもやりますが。

そういう店はいつか空中分解する、といわれます。実際、危機は何度かありました。いままでもっているのは、家族経営だからなのか。そこは何ともいえません。失敗しても家族だからといわれるでしょうし、成功しても家族だからといわれるでしょう。それは重要な要素かもしれないが、決定的なことではないと思います。要するに、コミュニケーションの問題ですね。

■三〇〇冊の連絡ノート

現場のスタッフ全員が目を通す「連絡ノート」が、うちではコミュニケーションの命綱のようになっています。

書くとかえってまどろっこしく、書き方を間違えるとかえって溝を深めたりします。連絡ノートの使い方にも、細心の注意と熟練を要します。が、店の問題は家族・社員・アルバイトにかかわらずみんなでオープンに話し合いたいですし、一度に全員集まるなんてまず不可能なので、ある程度ノートに頼らざるをえないんですね。

商品開発のような本来会議で話し合うような内容も、ノートでよく意見交換します。外に漏れたらマズイ内容が含まれるため、一応門外不出というオキテがあります。アルバイトも研修が終わるまでは、読むことを許されません。要するに、このノートに触れられるのは、ベルクスタッフの特権なのです（実際、お宝情報満載です）。

昔は、仕事に支障が出るほど激しいやりとりも（大幅に脱線して、「資本主義経済」がどうの「天皇制」がこうのということも）あったのですが、最近はみんなもう大人になったせいか、またそんな暇がなくなったのか、また微妙な問題はメールでやりとりするようになったからでしょう、ノート上はいたって穏やかなものです。

一カ月に一冊以上のペースで進んでおり、それが一八年分なので、単純に計算しても、二、三百冊にはなっているはず……全部老後の楽しみにとってあります。

立ち退き問題と定期契約

■フードコートってどう？

　ベルクを始めてから三年くらい経って、駅ビルのオーナー（当時、マイシティ）の営業部長から、ベルクのある一角をフードコートにしないかという提案がありました。その話をする部長の手が震えていたのを妙に思い出します。

　その部長、かつて私がベルクのリニューアル計画を見せに行ったとき、こう吐き捨てました。すばらしい計画だ。やるのが君でなければ、と。そのときの悔しさのお蔭で、いまの私があります、と後からお礼をいいましたけれど。

　フードコートとは、いくつもの飲食店が一つのホールを取り囲み、お客様がそれぞれの店から好きなものを選んで自分の席に持って行くという露店式スタイルです。つまり、セルフサービスです。ベルクはセルフにしてから最初は苦戦しましたが、一年目を境に売上をどんどん伸ばし、坪効率も館内トップに躍り出ました。それにあやかり、あの一帯をまとめてセルフ形式にしようということなのか？　だとしたら（共通点がセルフであるというだけで、フードコートとベルクはまったく異なる業態ですが）、ある意味ベルクの健闘が評価されたことになります。

それにしても、例えば、ホールは誰が管理するのかという素朴な疑問がいくつか生じました。ホールに関しては、ビルがやるという答えでした。

しかも、全体のデザインと設計は某大手企業が一手に引き受けるというので、事実上の買収です。その下で働け、ということですから。でも、話だけは聞こうと、その子会社の社長と赤坂で会いました。見るからに狸爺《たぬきじじい》でした。具体的な提案が何もなく、手を組みたくなるような相手とは思えませんでしたので断りましたが、向こうは断られるとは思ってなかったみたいですね。

結局、ビルの狙いがなんだったのか、いまだに計りかねます。数年後、うちの真下のマイシティ地下二階に、実際に六、七店舗を一カ所に集めたフードコートができました。

おそろしく効率が悪そうでした。五年間続きましたが、オーナーがマイシティからルミネに替わった途端、一掃されました。四〇年近く営業していた喫茶店が最後まで残りましたが、権利があるのは厨房だけです。ホールのみならず、洗い場まで一カ所にまとめられ、ビルの管理下でした。食器を紙に変えて応戦していましたが、ホールを閉鎖されたらもうアウト。どのように話がついたかは知りませんが、半月で出ていきました。最後に、ベルクさん、頑張ってください、と挨拶されました。

そういうことだったのか、と少し納得しました。飲食店からホールという手足をもぎ取っておけば、どうにでもできるのです。駅ビルは、フードコートという業態にもしかしたら可能性を感じていたかもしれませんが、失敗しても一掃してしまえばすむと無責任に考えていたのでしょう。席はいつも埋まっていましたが、売上は惨憺《さんたん》たるものでした。それでも、ビルが責任をとってくれるわけではありません。

私がフードコート案を蹴ったのは、押野見先生の助言があったからです。押野見先生は、じつは都内の有名なフードコートを企業からの依頼で、いくつも手掛けていたのです。しかし、フードコートという業態には限界があるとのことでした。うまくいってもとんとん、だいたい赤字だと。まずスペース的な条件で、ベルクのある一角は論外でした。狭すぎたのです。最低一〇〇坪は確保しないと成り立たない。それだけあれば、どこかに腰がおろせるという安心感があります。

店はよりどりみどりで、フードもあれば、ドリンクもある。アルコールもある。ただ、飲食店としては、けっして使い勝手がよくありません。一通りそろえるにはあちこち回らなければならないし、混雑時にはいちいち列に並ばなければなりません。それでも、座れればとりあえずＯＫなのです。何も注文しないわけにはいかないにしても。本来、野球場とか遊園地のような特殊なエリア向きの業態なんですね。駅構内にあっても、たむろする場所にしかなりません。大きなターミナルはなかなかゆっくり落ち着ける場所がなく、客としてはありがたいのです。

でも、店としてはまったく商売にならない。だったら、思い切って休憩所にした方がましです。フードコートをしばらく観察するとわかりますが、席は一杯に埋まっていても、店員はわりと突っ立ったままです。ベルクのように目まぐるしく動いていない。ということは、オーダーがそれほど入っていない。つまり、商品が売れていない証拠です。

またフードコートは、さまざまな店が集まっているように見えますが、普通は経営するのは一社か、せいぜい二社だそうです。飲食店のメニューには、数の出る定番商品もあれば、数は出にくいが客寄せになる番外商品もあって、どちらも必要です。もし経営が独立していると、その配分が難しい。どこも、蕎麦とかカレーのような定番をやりたがるでしょう。フードコートは、さまざまな食べ物の匂いが入り交じるので、客はコーヒーだけ一杯という気分にはあまりなれない。コーヒーは、思ったほど定番の位置を占めません。売れる商品が非常に限られるのです。

一社がやれば、まだ調整がきくし、そういう不平等は生じません。ところがマイシティのフードコートは、本当にいろいろなジャンルの飲食店を一列に並べてしまった。ホールをビルが管理して。むちゃくちゃでしたね。

■ピンチのたびにお店の個性が強くなる

ベルク一帯のフードコート改造計画は、駅ビルが某大手企業と組んだもので（いずれベルクを含むほかの店を追い出すつもりだったのでしょう）、私がその話にのらないとわかるや否や、その企業はベルクと隣接する場所にベルクとまったく同じ内装、まったく同じメニューの似たような看板の店（店名はさすがに変えましたが）をもってきました。

しかも、うちが通りから少し引っ込んでいるのに対し、あちらは通りに面しています。あちらが表玄関で、うちが裏口といった風情でした。どう見ても一つの店です。これが大企業かと思いました。何でもありか！　と。

そのときはスタッフみんなで燃えました。

ベルクもどきの店は二年ほどでなくなりました。大手はあきらめも早いのですね。品質やサービスで徹底的に差をつけ、人の流れがどんどんベルクの方に向いたのです。お蔭で、店はいろいろな意味で成長しました。

■店の創意工夫や個性が伝わらない

駅ビルからフードコートの話を持ちかけられたときは、意図がよくのみ込めず、キツネにつままれた感じでした。

ベルクは、そりゃオープンな店です。でもフードコートではオープン過ぎやしない？　と。ほかの店との境界線すらなくなるわけですから。うちが一生懸命やっても、ほかの店が手を抜いたらどうなるのか？　お客様から見たら一緒です。ベルクはベルクでありうるだろうか？　ベルクの独自性を保てるだろうか？　と悪夢にうなされるようでした。商売で苦労をしたことのない駅ビルの方々に、「店の独自性」とか「店名の意味」といっても、想像もつかないでしょう。そんなものはどうでもいい、という態度でした。

だったら商売のことは店にまかせればいいのに、そうもいかないらしい。フードコートも、いざとなったら店を整理しやすくするための苦肉の策だったのでしょう。

■規制緩和

経済を活性化するという名目で進められる規制緩和は、企業優待の政策だと思います。

企業が潤えばみんながおこぼれにあずかるという図式は、工業が産業の中心だった過去の時代の遺物です。いまや、産業の中心は情報やサービスに移っているのです。いまこそ、個人経営の時代だと私はあえていいたい。

法や制度がそれに逆行する流れにあるので、なおさらです。

マイシティのフードコート騒動があった一九九〇年代は、ビルのオーナーがテナントを勝手に追い出せない法的な規制がありました。いわゆる営業権ですね。権利とは、権力の規制だと私は思います。その規制も、二〇〇〇年以降解除されはじめています。とくに、企業とのかかわりが深い一等地のビルのオーナーは、テナントの整理に躍起です。

ターゲットは、当然、個人店です。その場所に根をおろして商売する個人店が、鬱陶しくてしょうがないのでしょう。とくに飲食店は設備投資するため、元をとるだけでも何年もかかります。

個人店をすぐに追い出したいというよりも、いつでも簡単に追い出せる契約や業態に変えたいのですね。それを法が裏づけようとしています。後で詳しく述べますが「定期借家法」がそうです。

企業はむしろ、ダメとなったらさっさと見切りをつけて、自分から出ていきます。

一つの場所や業態にこだわる必要がないですから。しかし、資本力のない個人店は、そうはいきません。その代わり、その場所で商売する覚悟と情熱があります。そうでなければ長く続けることはできません。

■飲食店のもう一つの選択肢

私たちがここでベルクを続けてきたのは、もちろんお客様のためであり、自分たちのためですが、こういう店もありじゃない？ と世に問いたいところもあるのです。経営のあり方を含めて……。組織ではない、でもワンマンでもない、バンドのような個人経営ですね。

店で発行するフリーペーパー「ベルク通信」で、そのようなことは、例えば「個人店にこそ未来がある」というキャッチフレーズで、断片的に言葉にしたことはありますが、まとまった形で書いたことはありませんでした。店の存在そのものがささやかなサンプルになればと思っていたからです。が、現在、私たち自身が店のあり方を再認識する必要性に迫られています。

■立ち退き問題

ベルクはいま（二〇〇八年六月現在）、駅ビルからの「退店勧告」騒動で揺れています。ちょっとややこしい経緯なので、なるべく整理してご説明しようと思います。ベルクは駅ビルに「出て行け」といわれています。

一言で申し上げますと、駅ビルはベルクに「出て行け」といっています。ベルクは「出て行け」の理由は、「出て行きません」とお断りしています。

「出て行け」の理由は、一応このビルは「ファッションビルだから（飲食店はいらない）」ということになっています。では、ベルクの営業実績（一八年続け、坪効率も館内トップ）についてはどうお考えかとうかがうと、ビルは常に新しく生まれ変わる、過去は切り捨てるというようなお答えでした。つまり、そんなものは知ったこっちゃねぇ、と。ただ、どう考えてもおかしいし、駅ビル幹部も本気でそう考えているとは思えません。

ちなみに館内のある着物屋さんは、「ここに着物はいらない」という理由で立ち退きを迫られています。

まず、問題なのは、「出て行け」といわれているのが、当店ベルクだけではないということです。

新宿駅東口駅ビル「マイシティ」は、二〇〇六年の四月、突然「ルミネエスト」と名を改めました。

名前が変わっただけでなく、家主だった新宿ステーションビルディング株式会社が、株式会社ルミネに合併吸収されました。その途端、「マイシティ」時代の店が次々と出て行きました。出て行きたくて出て行ったとは考えられません。私の知る限り、数店舗は、駅ビルから「出て行け」といわれ、出て行きました。

うちも、ビル幹部から営業部の一室に呼び出され、「出て行け」といわれることになるのですが、呼び出しは一度でなく数度におよんでいます。

■契約書の内容は知っておくべき

最初は「出て行け」でなく、「契約を新たに結び直したい」でした。どうやらテナントをいますぐ追い出すことが駅ビルの本意ではなかったようです。

この新しい契約書がクセモノで、もしサインしたら店は営業権を放棄することになる内容だったのです。営業権を放棄してしまえば、オーナーとしてはいつでも簡単に店を追い出せる状態になるのです。二〇〇〇年の法改正で、法的にそれが可能になりました。

詳しく説明しますと、いままでの普通契約は、店がきちんと家賃をおさめ、営業を続ける意志さえあれば、契約期限が過ぎても契約は自動的に更新されます。大家（ビル側）が一方的に契約を破棄することはできません。よほど差し迫った理由（ビルの建て直しとか、テナントの長期家賃滞納）がない限り。法によってそれは定められています。つまり、店の営業権は、自動更新という形で守られているのです。

ところが、この自動更新をなくす契約（いわゆる定期契約）が、法的に認められるようになったのです。駅ビルが提示した新しい契約期間は、二年という非常に短いものでした。しかも、それが駅ビルの方針であるという有無をいわせぬ提示でした。それに従えば、二年後、期限が過ぎてから営業を継続するには、再契約という形しかありません。そこで駅ビルがＮＯといえば、理由は何であれ、おしまいです。二年後に突然店を閉めなければならなくなるかもしれません。

■権利について考えてみた

店の権利ばかり守られているのでは、という意見も一方であります。実際、その意見を反映するように、自動更新しない契約（定期契約）を認める法律が施行されたのでしょう。

確かに、立場によって見方は変わります。従来の法律は、大家にとって「不自由な」法律でした。「大家の権利も守れ」といわれれば、もっともらしい感じがします。大家がもし所有物であるビルを自分の思うように使いたいと思えば、営業権のある店はゆくゆく障害になりかねません。

ただ、「権利」は必ずしも「自由」を意味するわけではありません。また「権利」

と「権力」は一応区別して考えるべきでしょう。人の命運をいっぺんに左右する力を「権力」とすれば、その「権力」を制限するのが「権利」だと私は考えます。

もちろん、そこまで論じるのは風呂敷の広げ過ぎです。広げついでにいえば、自動更新というシステムも、思ったほど普遍的なものではありません。むしろ特殊な状況（戦時立法）によって作られたものです。借地人・借家人の強い保護が、戦後、家主の貸し渋りを招き、住宅問題を悪化させた面もあります。法律を一般論に還元すると、そういうさまざまな問題が見えなくなります。

また、契約は本来、第三者が規制すべきものではありません。個々の状況に応じて、つまり家主と借家人がお互いに納得できる契約内容にすればいいのです。ただ、そのためには両者が対等である必要があります（家主が用意した契約書に店主がただサインするだけという契約の結び方が慣習化していること自体、「契約」に対する意識が日本ではまだ希薄な証拠でしょう）。

いま、規制だけを取っ払っても、大家が借家人を「自由に」追い出せるようになるだけのことです。それで住む家を失い、命の危険にさらされる借家人は山ほどいるでしょう。そういう意味で、借家人はまだまだ弱い立場にあります。だから、借家人の居住権は家主の権力を制限する形で守られています。法律は、弱者にとって最後の切り札になるべきものです。そうした制限を解除するなら、それなりの段階や手続きを踏むべきですね。

■無知であれば、悪用される

店も個人店の場合、家主に追い出されたら、やはり路頭に迷います。ところが今後、企業の系列店が主流になり、個人店はなくなるだろうという勝手な見通しで、自動更新のない賃貸契約が大幅に認められるようになったのです。そういう法律が国会をいつの間にか通ってしまった。

もっと慎重に議論して欲しかったと私は思います。

そのことを知らない店の経営者があまりにも多いのです。

この新しい法律が悪法かどうかはさておき、個人店経営者の無知につけこんで、悪用されていることだけは確かです。

■自動更新かどうかを見極める

店の経営者が物件を借りる際に、自動更新する契約か、もしくは自動更新しない契約か、これからは見極める必要があります。一般に、前者を普通契約、後者を定期契約と呼びます。

定期契約でも期限が一〇年後であれば、ある程度長期的な展望が持てます（ただし、途中で出ても、期限まで家賃を払わなければなりません）。ところが一年とか二年ですと、その先営業を続けるには、自動更新はないので、期限が過ぎても営業を続けたければ、再契約するしかありません。つまり、家主の同意が必要です。家主がそこで条件を変えて、家賃を倍にすることもありえます。いやなら出て行けと家主はいえるのです。

それをあらかじめ覚悟して借りるならいいのです。しかし、実際には寝耳に水、こんなはずじゃなかったと泣き寝入りするケースが結構あるそうです。

「利益のためなら、一つの場所や業態にこだわらない」企業には、むしろマッチした契約といえるでしょう。また一等地になるほど、定期は短期になる傾向にあります。

企業とビルオーナーの結託による一等地支配がますます強まっている感じがします。

■毎年二〇％の店を入れ替える

駅ビルは、全店の契約を定期契約にするつもりでしょう。毎年二〇％の店を入れ替えるのが駅ビルの売りと豪語していますから。それには、どの店もいつでも追い出せる状態にしておきたいはずです。

表向きには、追い出すためではなく、「定期契約の推進」とうたっています。うちも再三、定期契約に変えろと「推進」されました。しかし、うちにはデメリットこそあれ、メリットのまったくない契約です。当然のごとくお受けしませんでした。

　そうしたら、駅ビルは「出て行け」といいました。相手になんの落ち度がなくても定期契約の店だったら、家主は「出て行け」といえます。でも相手がなんの落ち度もない普通契約の店であれば、家主は「出て行け」とはいえません。

　駅ビルは、定期契約を断っただけの普通契約のベルクに「出て行け」といったのです。法的にはやっちゃいけないことをやったので問題ですが、話がややこしい上に、密室内で口頭という形をとっているため、やられた側がよっぽど明快にアクションを起こさないと、表面化しにくいのです（駅ビルは、契約に関して、双方に守秘義務があるとしていますが、契約書にもそんなことは書いてなかったし、追い出しに関しては個人商店の人間の「生存権」のほうが優先されます）。

　そもそも、定期契約は新規が原則です。定期であるのを承知で、短期決戦を前提に気軽に物件を借りるなら、筋は通ります。でも、ベルクのように莫大な保証金を払って普通契約を結び、二〇年近く長期熟成で経営を続けてきた店に、いきなり定期契約（短期決戦）への切り替えを要求するのはおかしい。長い戦《いくさ》をしてきた個人店に、今日から資金のある企業のように短期決戦でいけといえるでしょうか？

　それに、家主が経営方針として定期契約をとるのは、客観的に見ればありですが、駅ビルの場合、新たにビルを建てるのでなく、既存の駅ビルを買収しているため、その経営方針を貫くには、普通契約で続けてきた既存店を途中から定期に切り替えさせなければなりません。そこに無理があるのです（強要することは当然のことながらできません。いくらビルを一新するためとはいえ、やっていいことといけないことがあります）。

■出てけ！

さらに疑問なのは、私ども店の経営者は個々に呼び出され、密室でその話をされるのですが、なぜそこまでコソコソしなくちゃならないのかということです。契約は個別にするから、とビル側はいうでしょう。ただ「定期契約の推進」は駅ビルの経営方針のはずです。関係者を一堂に集め、堂々と説明したらいいじゃないですか。

もちろん、私どもに出て行くつもりがなければ、法的には出て行く根拠はありません。

また、店の命運を決めるのはお客様であって、ビルの家主ではない、というのが私どもの考え方です。

しかし、密室に呼び出され、家主から「出て行け」といわれるのは、精神的にとてもヘビーです。誰かに助けを求めずにはいられませんでした。

家主から立ち退きを迫られているというだけで、お店のマイナスイメージになりかねないので、店主が一人でその問題を抱え込み、悩んだあげく、結局、疲れ果てて出て行くケースも多いと聞きます。

でも、私はそれをお客様にも公表しました。

■広く議論されなければ

一つ確かなのは、駅ビルもベルクもあの場所で商売をさせていただいているということです。駅ビルは商業施設だからです。まさか軍事施設ではないですよね？　しかも、駅ビルという公共性の強い施設です。お客様あっての商売だと思うのです。その肝心のお客様の声が無視されているのでは？　と思い、「ベルク通信」と店のホームページでまずお客様向けにその経緯を公表しました。

反響は予想以上に大きかった。こうしたことを公にすることへの慎重論もありましたが、ほとんどが熱い応援メッセージでした。

相手が大きい（JR系列）だけに、注意しろというのが慎重論ですが、相手が誰だろうというべきことはいう、という姿勢もときには必要です。もし当たり障りのないことしか口にできない空気があるとしたら、それこそ問題だし、相手の思う壺じゃないですか。その空気が個人店を迫害している、とすらいえるかもしれないのです。

長いものには巻かれろ、ではありませんが、権力を批判するなんてとんでもないという空気は確かにあります。でもよくいわれるように、王様は偉いから王様なのではありません。ご先祖が神様だから王様なのでもありません。みんなで王様だと思うから王様なのです。ということは、誰かが疑いはじめ、それが伝染するように広がれば、王様は王様でなくなる危うさがあります。だから、「偉い」とか「神様」とか、王様が王様である根拠を体制側はでっちあげるのです。みんなに疑われないためにも、そういうイメージ戦略を必死に繰り広げるのですね。

逆にいえば、**疑うことは世の中を変える第一歩**です。一人で疑うのでなく、その疑いを誰かと共有する。そうすれば、二歩、三歩と進んでいきます。ちょっとでもおかしい、理不尽と思ったら、世の中とはそういうものだと諦めずにまず疑ってみるべきでしょう。

今回の件も、思い切って公にして、想像以上の反応があったのはそれだけで私たちには救いでした。とくにお客様が立ち上げてくださったチャーミングな応援ブログ「ＬＯＶＥ！　ＢＥＲＧ！」には日々熱いメッセージが寄せられています。また、店内で営業継続を求める請願書を用意したところ一カ月ちょっとで五〇〇〇署名が集まったことは何より励みになりました。

一方で駅ビルだけでなく、再開発という名のもとにあちこちで個人店迫害の不穏な動きが活発化していることを知りました。そのなかには、「国宝」級のお店もあります。例えば、阿佐ヶ谷の「みや野」というお蕎麦屋さん。店主は私の古くからの友人ですが、あれほどの名店でさえ、店の事情ではなく家主の事情で存続が危ぶまれているのです。

■個人店の覚悟と情熱

どの道、そんなことがいつまでも続くとは思えないし、思いたくない。経済を活性化するのは、これからの時代、闇雲《やみくも》な企業の儲け主義より、個人経営の覚悟と情熱だと思うからです。地元に根づいた商売をテナントにしてもらうためにあえて定期契約にしないビルのオーナーがいるという話も聞きました。

経済とは、この世界で人と人がつながる（関係を熟成させる）ためにあるのです。一部の企業が儲けるためにあるのではありません。

駅ビルも、ベルクのような普通契約の店に対して「退店勧告する」根拠が弱いので、あくまでも自分たちの願望を述べているだけなのかもしれません。ただ、それが相手にどれだけのダメージを与えるか。少なくとも、それでほとんどのテナントが定期に応じ、そのうちの多くの個人店が出て行ったという事実があるのです。

さあ、これからどうするべきか。優秀な弁護士に交渉をまかせ、すぐにでも莫大な立ち退き料をふんだくってここから出て行くべきなのか。執拗な「お願い」に屈せず、ここでこつこつと続けるべきなのか。答えはいうまでもありません。いまこそ、個人店の覚悟と情熱が問われているのです。

■無難なイメージが大事か？

ある関係筋から聞いた話ですが、ルミネの親会社ＪＲにとって駅ビルは必ずしも営利目的ではないそうです。じゃあ何なの？　ときくと、イメージだ、と。「オシャレ」にしろ「セレブ」にしろ、何らかのイメージ戦略が商業ビルにはあるはずですが、商売は蓋を開けてみないとわからない。つまり、イメージは良い意味でも悪い意味でも裏切られることがあります。その予測不可能性が許せないのか、たとえ売上が落ちても、そのイメージに相応しい店かどうか、相応しい客かどうかという選別がＪＲでは優先されるのだとか。

本当かどうかわかりませんが、駅ビルのトップの話とつじつまがあうところはありますね。売上よりもイメージだとはっきりいわれたことがあるので。とにかくイメージダウンにつながること、ビルが古びたりうらぶれたりするのが一番困るらしい。

ただ、まさにそのために私どもは日々、現場のリフレッシュを心がけているのです。新鮮な食材、行き届いた清掃、はきはきとした接客……。結局のところ店が繁盛して、活気があるかどうかなんですね、大事なのは。活気があれば、多少内装が古びてもかえって味になりますし、活気を失えば、どんなに新しくてきれいでもうらぶれます。だから、ベルクではイメージにむしろあまりとらわれず、お客様であれば性別・年齢・職種・国籍問わずどなたでも大歓迎です。

ところが、管理する立場からすると、そうはいかないらしい。いかに無難に管理しやすいかが重要なようです。店が汚くなった。柄の悪い人が出入りしている。そうなったら店ごと替える。その方が簡単だからです。店を育てるとか、共存共栄という発想がもてなくなるみたいですね。店舗数が多いと、個々の店への対応はさぞかし大変だと思います。が、だからといって、全体主義的（それこそファッションではなくファッショ）な支配を強めても、店の個性を殺し、売り場のライブ感を薄めるだけではないでしょうか。

■東京と関西の違い

ただ、その関係者筋の方のお話で興味深かったのは、関西と東京の違いです。関西では、お客様がうるさい。関西の駅ビルが、東京ほど似たり寄ったりにならないのは、お客様がそれを許さないからだそうです。つまり、地域性を生かさないと西日本では受け入れられない。いくらファッションビルだからといって、それがお好み焼き屋を追い出す理由にはならないそうです。東京の客はおとなしい。それが東京の駅ビルの画一化を進めている、とも。

東京とひとくくりにされるのは、やはり悔しいですね。新宿の東口は少なくとも違う、といいたいところです。

テナントもおとなしいんですよね。家賃と管理費をきちんとおさめ、宣伝広告費も負担しているのですから、ビルのあり方について一応発言権はあるはずなのに。ただ、まあ大手のチェーン店とかですと、いろいろしがらみがあるのでしょう。このことを世間に訴えられるのは、どこにも遠慮のいらない一匹狼のベルクしかない、と気持ちを奮い立たせていまこれを書いています。

■いま思えば思い出深いマイシティの営業部長

私だって、内心びびってはいます。何しろ相手は大権力ですから。

そういえばマイシティ時代も、よく営業部にいじめられました。接客で手一杯なのに電話がかかってきて、いますぐ何々の書類をとりにこい！　とか。せめてＦＡＸにして欲しいのですが、手渡しが原則だ！　と。

まあいじめというと語弊があるのでいい方を改めますが、要するに立場上、あちらは「管理の論理」を貫徹させ、こちらは「商売の論理」を貫徹させる。いや、お互いに貫徹させていては平行線のままで、いつまでもラチがあきません。立場的に最後は

「ベルク通信」で立ち退き問題を公表した。「LOVE! BERG!」という応援サイトも立ち上がり、バッジも1000個以上売れた。

こちらが弱いですし、ある程度妥協し、あわせることになります。ただ、それも癪《しゃく》なので、何かの拍子に館内の通路で当時の営業部長に「少しはこちらの立場にもなれ！」と怒鳴り散らしたこともあります。エリート街道まっしぐらできたような人なのでしょう。まさか一テナントの店長にそんな目にあわされるとは思ってもみなかったみたいで、「こんな屈辱は生れてはじめてだ！」と気の毒になるほど取り乱していました。

まあ罪を憎んで人を憎まずではないですが、お互いに立場がそうさせているだけですから、私も憎しみがあるわけではありません。怒鳴ってストレスを発散させているだけです。問題は何も解決されないままです。が、その営業部長、駅ビルを退いてから、ベルクにお客様で遊びにいらっしゃいました。なつかしそうにしていましたね。もうこちらとぶつかる立場にありませんし。こちらの立場はずっと変わりません。こちらは個人としてぶつかるのですが、相手はほんと組織なんだなぁと、そのときに実感しました。

個人店の時代がやってくる

電車だって、実際に動かして安全を確保するのは、現場の労働者です。もちろん、電車は一人の労働者では動かせません。運転手のほかにも機械を整備する人、運行を管理する人など組織は必要です。しかし、大企業のような超巨大な組織が必要なのでしょうか？　利益やイメージが優先されるのが企業です。事故を起こせば、元も子もありませんから、管理体制は徹底化されます。といっても、管理者がすべての現場を見て回ることはできませんから、マニュアルに頼らざるをえません。基本的なことは、だいたいマニュアルでおさえられます。

ところが、機械の異常などを見抜くのは、どんなにマニュアル化してもしきれない、現場で培われた経験や勘だったりするのですね。むしろ、そうした現場感覚がないがしろにされていくのが怖い。

現場感覚というのは長期熟成されるものだというのが私の実感です。

大企業の場合、経営者ですら雇われ意識が強いように思います。株主は、株券が紙切れ同然になったりして、投資したお金がパアになるリスクを負いますが、それ以上の責任は問われません。むしろ無責任に誰にでも株主になってもらって、なるべく多く投資してもらおうというのが株式会社です。

要するに、株式なんて、大企業が大きくなるための資金集めの制度なんですね。大量生産・大量販売の重化学工業に適した制度だとは思います。でも、ちょっと時代遅れじゃないですか。

大企業は経営の規模が大きいだけでなく、多種の部門を抱えます。ある部門でこけても、別の部門でカバーしたり、部門間で有機的に結び付き合ったりするのです。しかしいまでは、情報技術の発達により、一企業一部門でも、充分機能的にやれます。

そもそも多部門化は、実際には、経営危機に陥った企業の合併や吸収によるものです。大企業には絶対につぶれないという前提があるんですね。だからよけい、無責任に何でもありでやってきた。

私はよく大企業を、身体が巨大になりすぎて、身動きのとれなくなった恐竜にたとえます。もうこれからは、経済を発展させるような爆発的な技術革新も見込めません。経済は氷河期とはいわないまでも、ゼロ成長の時代に入ると考えた方が健全でしょう。だからこそ、フットワークの良さ、現場重視、明確な責任の所在といった中小の本領発揮の時代にしなければなりません。

確かに中小は、大手ほどには安泰ではありません。油断すればつぶれます。しかし、むしろ問題にすべきなのは、「勝ち組」「負け組」といわれるように、一度敗れたら二度と立ち上がれないような世の中のしくみではないでしょうか。敗者復活戦のチャンスがないのであれば、真の意味での競争社会とはいえません。

■スタバがきた日

スタバ（スターバックス）が上の階にきたときは、びっくりしました。スタバはその日から有名店ですもん。

うちの何年間は何だったんだみたいな。宣伝やら何やら、大手はお金のかけ方が違います。スタバのお客様の方もその日からいきなり常連気取りです。そんな、いきなり！　な魅力はうちも見習いたいですけどね。

大手は引き際がまたいい。あかん、となればさっさと業態を変えます。場所を変えます。個人店にそんな根なし草的生き方は許されません。これからもベルクはこの地でじわじわと根をはって参ります。

■長期熟成型の商売があってもいい

流行に応じて、毎年館内の二割の店を入れ替える。このルミネの大胆なやり方は、

「成功した駅ビル」の一例として各方面から注目を集めています。確かに駅ビルはきれいにおしゃれになった。駅の利用者にとって利用価値が高まったかどうかはおいておくとして。が、だからといって「ファッションビルにふさわしくない」「古臭い」の一言で、ベルクまで片づけられては困ります。

そもそも一定期間にどかっと売りつくすという短期決戦方式は、まさに大企業方式。けっして新しいやり方ではありません。いや、別にベルクのスタイルが新しいというわけじゃありませんが、一〇年以上お客様との信頼関係を深めながら続ける長期熟成の商売があってもいいのではないでしょうか。

どちらを選ぶかは、駅ビルの利用者（お客様）です。でも、そういう商売のあり方が駅ビルには本当に理解できないのかもしれません。

実際、私どもは駅ビルの幹部から直接、ベルクのような無名の店が、なぜこれほど多くのお客様に支持されるのか、と聞かれたことがあります。副店長の迫川は、とっさに「日々の努力です」と答えました。相手はぽかんとしていました。何か間違ったことが起きているとしか思えなかったのかもしれません。

■時間への反逆

天才と呼ぶしかない芸術家やスポーツ選手も、本当に才能に恵まれているのは、人生のある時期だけです。命を賭けた恋だって、次第にさめていきます。楽しいことであれ悲しいことであれ、時の経過は、不変であることを許さない。そう考えると、私たちの仕事は、いわば、時の経過に対する反逆ですね。

三年前のベルクを君は知らないだろう、あのころのベルクはもっと凄かった、などと伝説を残したところで、飲食店の場合、何の意味もありません。変わらぬ味、変わらぬサービスが私どもの使命ですから。

もし、料理や空間プロデュースのセンスがそこそこあれば、誰にでも飲食店は開けます。ただし、一日限定とか、期間が決められていればの話ですね。その日に向け、ぬかりなく準備すればいい。時間とお金、情報、運も手伝えば、一流店も真似できない、ありえないような究極の店が達成されるかもしれません。いかにもテレビ番組の企画になりそうな発想ですね。

実際の店作りにおいても、デザイナーと呼ばれる人たちと関わると、さすがに彼らはプロだけあってクールですが、それでも目指すのは「完成」ですから、ズレを感じることがあります。デザイン通りの、立派で美しい店に仕上がりました。

さて、その立派さ、美しさを維持するのは、私たち店のスタッフです。凝りに凝った造作も、ホコリが溜まりやすく拭くのが面倒なら、フラットにしてもらうしかありません。が、慎重に言葉を選ばないと、せっかくの創造的な仕事にケチつけたことになりかねない。確かに維持するって、地味で保守的な仕事です。

でも、続けさえすればいいのかという問題はありますが、創造することよりも維持することの方が道は険しく、その道には「何かしら荘厳の気が漂っている」と語った人がいます。エリック・ホッファーです。「四六時中物事を良好な状態に保つために費やされるエネルギーは、真の活力である」と。期待せず、だから幻滅もせず、人生を直視しえたといわれるこのアメリカの思索者の言葉に、私は時折、勇気づけられるのです。

■個人店の危機は、日本の危機？

山手線円内から個人営業の店がなくなる日も近い、といわれます。これからは個人店の時代といっておきながら、実際には、このままでは、絶滅危惧種に認定されかねません。

大企業のようにメディアを操作・利用して、一発大逆転なんて資本力も個人店にはありません。

何度も繰り返しますが、企業戦略がすぐに結果を出す短距離競走とすれば、個人店の「戦略」は――というより「生き方」は―― いつまでも結果の出ない、命の終わりなきレースです。気を抜けば、そのレースから脱落もありえます。だからけっして生やさしくはない。

ただ、いまもっと深刻なのは、終わりなきレースそのものへの出場資格が剝奪されていることです。土地を企業が買い占め、あるいは地主が企業にばかり土地を貸すようになり、個人店がどんどんしめ出されているのです。

それは個人店のみならず、日本にとっての危機ではないか。これまで書きましたように、私たち自身、身の危険を感じています。ただ、私はお蔭様で二〇年近くもここベルクで思う存分楽しませていただきました。むしろ気がかりなのは、これからの若い人たちです。大企業に就職しなくても、あるいはリタイアしても、独立の道が残されていれば、まだ夢と希望がもてます。が、そうでなく生きるには、結局、企業の都合のいいように使い回されるしかなかったりする。やむをえない、というあきらめムードは、なおさら相手（企業の都合）の思うツボです。

その場その場であたえられた仕事をただこなすだけだったら、さっさと終わらせて、ひたすら遊びたいでしょう。でも、ひたすら遊ぶといっても、あたえられた遊びをただ消費させられるだけだったりして。

仕事が遊びであり、遊びが仕事であるなら、無駄なことはけっして無駄ではなくなりますし、あらゆることが知らず知らずのうちに反応し合い、結び付き合い、熟成されていきます。組織のなかでも現場の最前線にいれば、そういう味わい深い時間にめぐり会えるかもしれません。しかし、それを一生やってみたいとなれば、やはり個人業でしょう！

死ぬまで働き、死ぬまで遊び、死ぬまで語り合い、死ぬまで苦楽を分かち合う。そういう生き方が閉ざされてしまったら、日本は絶望の国になります。いくら大企業だけが生き延びられたとしても。

そして若いみなさんに申し上げたいのは、あきらめないで欲しいということです。抜け道は必ずありますから。

そのときに武器になるのは、次の四つです。

一、未経験であること。要するに、気持ちをまっさらにするということですね。へたにこの世界に染まって、固定観念やしきたりにとらわれると、思い切ったことができなくなります。

二、同志。漫才でいえば相方みたいな存在ですね。一人の方が気が楽かもしれませんが、一人では壁にぶつかったときにのりこえるのが困難です。

三、助言者。友人や知人のみならず、プロのアドバイザー、あるいはこれからの時代は、少しでも有利な条件で事業を展開するために、気軽に相談できる弁護士なども見つけておくべきでしょう。とにかく、耳をふさぎたくなるような厳しい意見こそ、大事にしなければなりません。

四、多額の借金。これは半分冗談ですが（借金はないにこしたことはない）、宝くじで大金を当てて事業を始めても、必ず失敗するといわれますよね。借金したり、家族や友人をまきこんだり、自分たちが夢中になれるプランを周到にねったりして、どんどん後に引けなくなることです。

では、健闘を祈ります！

あとがき　本当の意味での隠れ家

最初、この本の単行本の編集者である稲葉将樹さんと店でお会いして、「ベルクの客をやめる覚悟できました」といわれたときは、そのただならぬ雰囲気に思わず背筋がのびました。

ベルクの本を作りませんか？

それが稲葉さんの「覚悟」の正体でした。

ベルクにはメディア関係のお客様も多く、そのわりにメディアの露出度は低いのですが、その言い訳（？）としてよく耳にするのが、「ベルクは、本当の意味での隠れ家だから」です。

でも確かに、立ち退き騒動が起きてから、メディアがいっせいにこの問題を取り上げてくれたのですが、記者の方はどなたも、店内でよくお目にかかるベルクのお客様でした。ベルクの危機にやむをえず、「わたくし、じつは」とお名前とご職業を明かしてくださったのです。「本当の意味での隠れ家」が単なる言い訳ではなかったのを、そのとき実感しました。

一杯のコーヒー、一杯の生ビールを口にしながら、賑やかで雑多な渦の中に人知れず飲み込まれていく。束の間とはいえ、それがその方のかけがえのない時間であるとすれば、ご自分の素性を明かすのはよっぽどの決断だったでしょう。

ただ、稲葉さんが本の話を私に持ち掛けてくれたのは、立ち退き騒動の少し前でした。むしろ店の進退が問題化されたことで、本の話は一度中断したのです。しかし、このままお蔵入りになるのももったいないということで、立ち退きの決着がつかないまま稲葉さんと再度連絡を取り合いました。

「結果」が何より求められる企業戦略とは違い、仕事がライフワークと呼べる個人経営。グローバリズムの進む大都会の真ん中で、それがビジネスとしても成り立っているベルクという店を世に紹介したい、という編集者の目のつけどころに、僭越《せんえつ》ながら私は感心しました。というより、単純に嬉しかったですね。

ベルクにはさまざまな切り口があると思いますが、「ビジネス」という言葉が出てくるとは（たった一五坪の一店舗にしては、なかなかの営業実績だとは自負しているものの）、意外ですらありました。

ベルクがもしサンプルになるなら、どうぞお願いしますと即答したのですが、まさか自分が書く羽目になるとは……。ビジネスについて人様にご教示する才覚も資格も私にはありません。日々やるべきことをやり、目の前の問題を解決するだけですから。それをてっきり、専門家がもっともらしく体系づけて論じてくださるのだと思ったのです。

ベルクの何が人を引きつけるのか。それも私にはつかみきれないところがあります。ミクシィの「ＢＥＲＧ（ベルク）大好き！」コミュニティ（メンバー数、一〇〇〇人以上）や、立ち退き騒動を公開してから、お客様が立ち上げて下さった「ＬＯＶＥ！ＢＥＲＧ！」という応援ブログに寄せられた数々のコメントをご覧になれば、ベルクを語るのにふさわしいのは私でなく、お客様であるのがおわかりいただけます。

私よりずっと皆様ベルクのことをよくご存知だからです。スタッフや職人さんにしてもそうですが、それぞれにそれぞれのベルクがある。それは第二弾、第三弾でやるとして、まずは店長から口火を、と編集者の口車にのせら……いえ、説得されまして、あくまでも私の目から見たベルクということで、書かせていただきました。

いざ書きはじめると、あれも書こうこれも書こうと欲張りになってしまいましたが……。少しはお役に立てそうでしょうか？

本書は、最初の企画では、経営書として書かれる予定でしたが、私は「経営」というより「商売」という方がぴんとくるんですね。経営者というと、トップのエラい人というニュアンスがありますが、商売という人と物とお金の渦があって、その渦を生き生きとさせるためにお客様がいて、食の作り手がいて、スタッフがいて、経営者もいるのです。

本当の隠れ家だから、ベルクにはなるべく無名のままでいてほしいという思いは、じつは私にもあります。本文にも書きましたように、ベルクのある新宿駅東口改札付近は、探せば誰にでもすぐわかる日本一有名な場所ですが、ほとんどの通行人にとってそこはただの通過点に過ぎず、店そのものも得体が知れないため、ひょんなことでまぎれこんでしまった人は、ここはどこ？　味方（良い店）？　敵（悪い店）？　と身構えざるをえません。

もちろん、味方だとわかっている常連さんとははじめから親和的なムードになれます。それが営業上の支えになり、私どもの心の救いにもなるのですが、身構えた初回客をいかにして味方につけるか、あの手この手をつくすスリルとサスペンスも、無名店ならではの接客の醍醐味といえます。

というより、そこに店をやることの原点があります。新宿大ターミナルという人の流れがもっとも激しい場所で、高い集客力を維持しながら常連率八割という数字は十分誇れると思います。ただ、これ以上初回客率が減ると、じり貧になる恐れもあります。初回客との緊張関係（ビートルズでいえば、デビュー前に異国の酒場で音楽に関心のない酔っ払い相手に演奏したハンブルク時代のような）が感じられない店は、いくら和気あいあいと賑わっていても、店として半ば死んでいるのです。

一冊本を出したくらいでベルクがビッグネームになることはないでしょう。一店舗のみの個人店である限り、知る人ぞ知る店であることに変わりはないはずです。だから心配することもないのですが、やはり商売が本来的に持つストリート感覚を私はいつまでも失いたくないのです。

本書の著者は、体裁上、井野朋也（ベルク店長）となっていますが、会長の井野やへ、副店長の迫川尚子、社員スタッフの愛染恭介、市原結美、井野冬二、小林新、今香子、宮崎智子から寄せられたメモ書きや助言に大変助けられました。感謝します。

二〇〇八年六月上野動物園にて

井野朋也

LOVE! BERG!　http://ameblo.jp/love-berg/
BERG ホームページ　http://www.berg.jp/
東京都新宿区新宿三―三八―一　ルミネエストB1　ベルク

文庫版あとがき　その後のベルク

①儲からないビジネス書？（ベルク本が生まれた経緯）

二〇〇八年に上梓したこの本の単行本は、爆発的にではありませんが、じわじわと売れ、その後もたまに重版されてきました。この本のお蔭でベルクは全国的に少し有名になりました。世界一乗降客数の多い新宿駅の構内にある店ですので、昔から多くの方に存在は認識されていましたが、店名は知る人ぞ知る、だったのです。

成功の要因は、編集者のアイデアで、ビジネス書として売ったことでしょう。ビジネス＝儲け話に人は飛びつきやすい。つまり売りやすい。ベルクの本というだけでは、せいぜい新宿界隈でご当地本として売れただけでしょう。

最初は、私にビジネス書が書けるか？　と悩みました。飲食業だって事業でやる以上、利益を出すための戦略を立てます。しかし、私たちにとって店は生活の場です。そこで人と会ったり、喜びを分かち合ったり、情報交換したりする。そのために飲食店としての質を高め、利益を出す必要はありますが、利益が目的というわけではない。というように、私に書かせるとかなりまどろっこしくなりそうなのです。

それでも執筆をお引き受けしたのはなぜか。この店は、二〇年近くやって社員も増え、次の店が出せるくらいの資金も稼ぎました。今、個人商店は借金がないだけでもよしとされます。だったら、私たちの経験も多少どなたかのお役に立つかもしれない、と思ったからです。ちょうど、家主の駅ビルから立ち退きを迫られた時期でした。そのことを世間に訴えたい、店の歴史を残しておきたいという思惑もありました。

編集者も、元々ベルクのお客様ですから、ビジネス書の体裁をとりながら、ベルクはいかにしてベルクになったか？　という観点でまとめてくれました。儲け話を期待した方にはちょっと騙されたような、ガッカリする内容だったかもしれませんが、私は書いてよかったと思うのです。

②飲食業は家族経営で

「規制緩和」によってあらゆる分野に企業が進出し、資本力のない個人商店には圧倒的不利な状況になりました。駅ビルのような一等地ではデベロッパーがテナントを自由に入れ換えられるため、結果がすぐ出て撤退も容易な企業系列店がどうしても優先されます。これだけ企業有利の世の中では「家業を継ぐ」という意識も薄まり、個人商店は消え行く一方です。

ベルクは家族経営を母体とします。私は二代目。新宿駅構内という激戦区で今も何とか営業を続けています。しかし、ビジネスモデルにはならないでしょう。辛うじて運よく生き残っただけなので。

ただ、あえて申し上げることがあるとすれば、飲食業はやはり家族経営の個人商店に向いているということです。ぶっちゃけ、飲食で金儲けは難しい。やればわかりますが、手間がかかるわりに実入りが少ないのです。

もちろん、大がかりな宣伝で名前を売り、工場生産をするという企業方式は飲食業でもある程度通用します。でも、食は腐るアートです。何もかもベルトコンベアで大量ストックというわけにはいかない。現場でどれだけ手をかけるかにかかっています。

いわゆる「こだわり」ですね。味の追求はキリがありません。時間もお金もいくらでもかけられますが、健全なことではありません。趣味でやるぶんには後ろ指さされませんが、事業としてやれば、販売価格を上げるわけにはいかないので、どこかにしわ寄せがいきブラックになります。

私たちには絵や音楽、写真といったお金にならないライフワークがあって、店はお金を稼ぐための手段です。が、くどいようですが、決して割りのいい仕事ではない。自分たちの愛せる店でなければやってられません。幸い現場で何でも決められるし、助け合えます。社員の数は今や一一名。あれから増えましたｂ。奈村武彦と小澤翔太郎の二名です。とっくに血縁の枠を越えていますが、苦楽をともにするという意味で私たちは家族なのです。

ただ、急いで付け加えると、都合のいい時だけ従業員を家族のように「苦しみを分かち合おう」と言う経営者がいますので、気をつけましょう。だったら、喜び（利益とか）も分かち合わなければ。経営が苦しかろうが楽だろうが、仕事の成果があろうがなかろうが、約束の仕事をして約束のお金をもらうのが労働者の権利です。

昔は飲食店のアルバイトといえば、学生がお小遣い稼ぎのためにやりました。今は、学生よりむしろ生活のかかっているフリーターが増えています。どの飲食店もフリーターの存在なしに営業は成り立たなくなりました。だからなおさら、労働者の権利について、労働者も経営者もしっかりとした認識を持つ必要があるのです。

③定期借家制度の悪用

お騒がせしたベルクの立ち退き問題は、今のところ家主さんがあきらめてくださったのか、落ち着いています。お客様の「なくなったら困る」という声とマスコミ報道が、巨大なＪＲを動かしました。取材に来てくださった方も、皆さんお客様。しかし、いくら記者がその気でも、ＪＲ批判はメディアではタブーとされており、デスクで止められる可能性が高い。うちの場合、二万名の署名が大きかったと言われます。千とか万という数字は記事にしやすいとか。デモ報道もそうですね。

二〇〇八年の一月、店のカウンターにルミネとJR宛ての営業継続請願書を置き、署名活動を始めました。最初の一カ月近くで五〇〇〇人の署名が集まりました。お店で署名なんて、ひかれるかな？　と内心ビビりましたが、堰を切ったように常連のお客様が次々に署名してくださいました。中には「署名は嫌いだ！　でも、これだけはする」とわざわざ宣言してから署名してくださる方もいました。ふだん無口で無表情なお客様が「頑張って！」と声をかけてくださいました。このベルク店内の署名活動をまず東京新聞が大きく取り上げてくださいました。その日、JR本社は騒然となったそうです。

本当にたくさんのメディアが記事にしてくださいましたが、一番ビックリしたのは、何の前触れもなく「BERGを支持する！」という見出しが『週刊朝日』にどーんと載った時です。それは、アイドル評論家中森明夫さんの名物連載コラムでした。そこにはこう書かれてありました。ベルクがなくなるのは、人生の一部を失うことだ、と。その後に中森さんは福田恆存の守るべき日本とは、「行きつけの蕎麦屋だ」という言葉を引用し、「私は、竹島や尖閣諸島を守るために戦わないが、新宿ベルクを守るためなら戦うぞ!!」とツイッターにも書いてくださいました。カッチョエエー!!　と唸るしかありませんでした。

ルミネの立ち退き撤回が決定的になった瞬間、ネットにその情報を流すと、すぐに「ベルク応援団団長」（と私たちが勝手に任命させて頂いている）スタイリストの伊賀大介さんを始め、多数の方が駆けつけ、祝福してくださいました。作家の中原昌也さんは、レジの所で私たちに向かって拍手してくださいました。

もちろん、ルミネ自身が認めるように、ルミネが立ち退きを撤回せざるを得なかったのは、立ち退き騒動が起きようが何が起きようが、わき目もふらずベルクに通ってくださった大勢のお客様のお蔭です。その間も、売上と客数は伸び続けました。本当に感謝しています。

お客様に守られながらベルクは今も営業を続けています。店冥利につきます。

ただ、立ち退きの本質的問題はうやむやのままです。ＪＲは既存の駅ビルを買収する際、中のお店を一掃します。問題はそれが余りに一方的かつ急なことと、二〇〇〇年に施行された定期借家制度の悪用が疑われることです。彼らは最初出ていけとは言いません。契約が変わると事務的に説明するだけです。新しい契約が定期契約です。お店側は意外と用心しません。定期契約を知らないか、知っていても家主ともめるとは思いもしないのです。しかし、サイン一つで店の命綱である営業権は失われます

（個人商店の場合、生存権にも関わります）。家主がその気になれば、何の保障もなく追い出されるのです。一応合法なので、自業自得と泣き寝入りするお店が跡をたちません。

ただいくつか裁判になるケースもあり、最近はお店側の言い分が認められる判決も出ました。定期借家制度はトラブルの元という認識が裁判官にも芽生えているようです。

しかし、二〇一四年三月一一日の「あさがやゴールド街」立ち退き裁判では、トラブルがあった証拠がないとされ、個人商店側が全面敗訴しました。トラブルがない？　ではなぜ裁判になるのか？　家主側に都合のよすぎる判決ではないか？　うやむやにしたくありません。

ただ阿佐ヶ谷のお店は、定期借家制度そのものがおかしいという立場で最高裁で争うとおっしゃっています。マスターが頑張る限り私も応援するつもりです。

④のっとるかのっとられるか

二〇〇六年の春、新宿駅ビルのマイシティがルミネにのっとられ、すぐにテナントの追い出しが始まりました。うちも翌年に退店勧告を受け、それが撤回されたのが一二年の秋。その秋は、定期的に来る通知が来なかったのです。そして、二〇一四年九月三〇日にも、通知は来なかったので、まずは一件落着と考えていいかと思います。その間、お客様を巻き込み、メディアに続々ととりあげられて、騒動は五年続きました。まわりからはよく耐えたとほめられます。私は永久に終わらない覚悟でいたので、いささか拍子抜けでしたが。

耐える秘訣ですか？　いえ、私たちはいつも通り営業を続けただけです。困ったのは、人への説明くらいです。なぜベルクを追い出すのか？　とよく聞かれました。それをそのままルミネに投げかけたかったです。私たちにもわからなかったですから。昔から駅ビルは権力地図が塗りかえられるたび、店の入れ替えがおこなわれました。でもうちのように実績のある店は生き残れたのです。ルミネの場合、どの店も例外なく「一掃」されました。その理由は今でもはっきりしません。ただ私が一番驚いたのは、テナントの多くが家主の理不尽な要求にあっさり従ったことです。追い出しの理由は、一言でいえば「ルミネの色に合わない」「どんな色ですか？」とうかがっても、「それはルミネが決める」と禅問答です。つべこべ言わず出ていけということでしょう。

相手がJRグループなので勝ち目がないというあきらめもあったのでしょう。家主との信頼関係をコツコツと築いてきたはずのテナントにとって、突然の三行半《みくだりはん》はショックが大きすぎ、冷静な判断力を失ったということも考えられます。

私自身は、親の店を継いだのですが、親のコネでこんな一等地に店を構えられるのは何かのマチガイ？　だとしたら、むしろ自分たちがのっとったつもりでいようと腹をくくっていました。幸いお客様が応援してくださったので、じゃあ一緒にのっとり続けましょう！　と迷いがなかったのです。

⑤個人商店最大の弱点

突然追い出されたら路頭に迷う恐れのある個人商店は、営業権が命綱です。ところが今、町じゅうが大手系列店だらけで、そんなものは無用という論理がまかり通りつつあります。おいおいちょっと待って。うちは個人商店だよ。絶滅危惧種にしても、まだあるよ。勝手に消滅させられちゃ困るよ。というのが私どものささやかな主張でした。個人商店こそ素晴らしいと訴えるつもりも、個人商店を代表するつもりもありません。

ただベルクについて本を書いたり取材を受けたりするうちに、次のような疑問が芽生えました。お店を維持するのはただでさえハードです。その上、チェーン店やフランチャイズのように現場に決定権がなかったらやってられるだろうか。やりがいのある仕事の一つとして、個人商店の可能性を残しておくべきではないか。

個人商店の減少は、スーパーマーケットやチェーン店の出現が大きいと言われます。

確かに、個人商店にとって資本力のある大手との戦いは圧倒的に不利です。一方で、個人商店ならではの創意工夫があればもう少しどうにかなるのではないかという指摘もあります。

ただ、私は個人商店の弱点と申しますか、盲点は教育のような気がするのです。チェーン店のようなマニュアル教育がいいとは申しませんが、個人商店の場合、アルバイトはお手伝い感覚になりやすく、店主は人を使うくらいなら自分でやったほうが楽だから、とどうしても人を育てる意識が希薄になりがちです。

もったいない。長期熟成の個人商店こそ教育の場にふさわしいのに。育てるというのは、育つのを待つということでもあります。お金も時間もかかります。でも、どうにもならない人が、ある日思いもしない力を発揮したり、助けになってくれたりするのです。

結局、人なのです。お店の宝は。

では、私はまた新宿の街をさまよいます。街はさまようものです。ベルクの立ち退き騒動でお客様からあれだけブーイングが起きたのはなぜか。家主のルミネには想像もつかないことでした。家主にしてみれば、得体の知れない個人商店よりも名の知れたチェーン店のほうがビルのステイタスは上がるし、利用者にはとっつきやすいし、言うことなしのはずだったでしょう。何でも入れ替え可能、見通しのきく、お膳立てのそろった街は、管理しやすいかもしれませんが、人々はそこを消費者として移動させられるだけです。すぐ飽きられるだけです。

街は、自分の個室ではありません。自分の思い通りに作れるものではありません。むしろ色々な思いがぶつかったり、すれ違ったりしながら形作られていくものです。そこには思いもかけない隙間や隠れ場所が生まれます。それを見つけるのが街をさまよう醍醐味です。

街は、人間の原点です。街が面白くなくなったら、人間が面白くなくなるのは当然です。

この本を、今は亡き押野見喜八郎先生に捧げたいと思います。先生は、本文で詳しく書きましたように、ほとんど素人に近かった私たちをなかば呆れながら手とり足とりご指導くださいました。二〇一〇年に有楽町の日本外国特派員協会で開催したベルク開店二〇周年記念パーティーにおいて、三〇〇人近い来場者を前に先生は乾杯の音頭をとってくださいました。その時、先生の目にうっすら涙が浮かんでいました。その二年後に先生は六三歳の若さでお亡くなりになりました。いざとなれば先生がいる、と安心しきっていた私たちにとって、先生の死は突然の大きな喪失でした。私たちが一時の気の迷いでメニューの縮小を検討した時、先生は一言「効率はよくなるけど、ベルクらしくない」とおっしゃいました。今でも、店の方向性で悩んだり行き詰まったりした時、先生のその言葉を思い出し、「ベルクらしさとは何か」と考えるようにしています。

最後に。この本が文庫本としてよりチャーミングに、より輝いて生まれ変われたのは、次の、最強の顔ぶれとも言うべき、ベルク応援団の方々のお蔭です。心強い解説を書いてくださった思想家の柄谷行人さん、最高！　の漫画とコメントを寄せてくださった漫画家の吉田戦車さん、素敵な言葉で帯を飾ってくださった画家の奈良美智さん、素晴らしいカバーデザインをしてくださったペグハウスの森谷由美子さん、森谷さんは元早番スタッフでベルクのロゴも彼女のデザインです。そして、丹念に粘り強く編集してくださった筑摩書房の井口かおりさん。またベルクを日々黙々と支えてきてくださったお客様、スタッフ、職人の皆様にもこの場をお借りしてお礼を申し上げます。ありがとうございました！

（『全国商工新聞』二〇一三年八月二六日号に加筆）

解説（単行本）　個人店に必要なフィロソフィ

押野見喜八郎

一九七一年七月、銀座の三越一階にマクドナルドの第一号店がオープンした。はじまったばかりの歩行者天国で歩道も車道も人また人で埋まり、マクドナルドの店頭は黒山の人だかりとなった。当時銀座五丁目に仕事場のあった私もこのオープンの日、マクドナルドに詰めかけた人々のうちの一人だった。はじめて食べたハンバーガーと、独特のミルクシェークの味に激しいカルチャーショックを受け、日本の飲食業も変わって行くのだろうなという漠然とした印象を深くした。その前年、都下国立にすかいらーくの一号店がオープン。郊外型レストランもまた揺籃期《ようらんき》を迎えていた。

爾来《じらい》、陸続《りくぞく》とチェーン企業が誕生し、やがて外食産業という言葉も生まれ、飲食業という商売がそれまでの生業的な小規模事業から、一つの産業として認知されて行くこととなった。二〇〇七年、そのマクドナルドは売上高四九四一億、店舗数は三七四六店（一二月末）の規模となり、すかいらーくグループは四一四一店舗、日本最大の外食グループに成長を遂げた。産業化を牽引した多くの外食企業の功績は評価されるべきだが、その結果蔓延したのが、ロボットのようなマニュアル型接客と、徹底した調理の効率化による簡便料理だ。産業化と引き換えに失われたのが、血の通った、生身の人間同士の触れ合いのある接客サービスであり、きちんと手作りされた心のこもった料理だったともいえる。けれども、すべてが数字とマニュアルで管理されるチェーン企業であればそれはむしろ当然のことで、店舗数が増えれば増えるほどに画一化して行くのはチェーンの宿命なのだ。

とはいえ、最近では外食チェーンのシステムそのものも一種の制度疲労の兆しが見え、チェーン的なものへの抵抗感を持つ人々も増えている。世の中の風潮が、チェーンの絶好調時代を支えた高度成長期のイケイケムードから、落ち着いた成熟期のようなムードに変わり、価値観の変容した人々が増えてきたのがその一因だ。自分らしさを求めはじめた現代の消費者にとっては、たとえ日常的に利用する飲食店であっても人と同じはイヤで、自分自身の感性と価値観に合う店をこだわって選択することが自分らしさの表現なのだろう。個性的な消費者は個性的な店を選ぶとすれば、この時代あらためて注目されるのは個人店だ。

個人店とは個人が経営する店という意味からは、一店であっても一〇店であってもその経営形態からは個人店だ。しかし、その一〇店がすべて同じ店となれば、それは個人経営のチェーン店であり、本当の意味での個人店とはいえない。**個人店とは個店であり、「孤店」だ。**七〇万店以上ある飲食店のうちで、ただ一店のみ。つまり、オンリーワンの存在が本当の意味での個人店であるはずで、ほかにはない、他店では代替できない存在の店が個人店だ。

たとえ似たような店がほかにあってもそれはあくまでも似て非なるものであり、ディテールはそれぞれが優れて個性的なはず。そのディテールの違いこそが消費者が飲食店に求める個性であり、選択を決めるポイントとなる。むろん、その個性の拠って立つものは、経営者自身の個性であり、その発露に拠るところの店作りであり、接客サービスのスタイルであり、商品作りなのだ。経営者の思想がダイレクトに出るのが個人店の特徴であるとすれば、個人店の経営の成否は経営者個人の資質、飲食業というビジネスに対する考え方、大げさにいえばフィロソフィにかかっている。

それだけに、個人店の経営は難しいともいえるが、逆に考えると、飲食業に向いた資質があって、確固とした信念を持ち、それを実行し、従業員に伝達する能力があれば、誰でも飲食店を成功させることができるのが個人店の強み。一見すればそれほど大変な条件ではないように思えるし、実際に飲食店の経営者となろうとする人ならば、前述の条件はそれなりに備えているケースが多いはず。ところが、現実には不振にあえぐ個人店が多く、年々個人経営の飲食店舗数は減少を続けているのが実状だし、それらの経営者の弁を聞けば大手の影響で業績が低下したとの声が多い。

それが事実ならば個人店はチェーン店には敵わないことになるが、小売業ならともかく、飲食業においては経営体の規模の大小はまったく関係がない。たとえ何千のチェーン店といえど現実の競合は常に一店ずつの対等の戦いのはずで、いわば局地戦。チェーンとは異なる魅力を持てば、たとえ同業種といえど負けることはない。むしろ、チェーン店こそが画一化された限られた武器で戦うしかなく、ハンディはきつい。自由自在に小回りをきかせて戦える**個人店の方が勝って当り前の条件**なのに、実際は真逆の結果になるのは何が原因なのか。

負ける店にはその店の数だけ負ける原因が見出せるものだが、**勝つ店には必ず共通する要因**がひとつある。それがフィロソフィだ。哲学といえば少し難しげだが、競合に勝ち、繁盛する個人店にはそれを意識していたかどうかはともかく、実態として一つのフィロソフィが見出せるものなのだ。シンプルな表現をすれば「お客に喜ばれたい」という意識で、これがあるかないかで成否が決まる。飲食店でも始めて一儲けしたい、などという発想がスタートであれば一〇〇％成功しない。いくら巧妙な店作りをしても、結局衣の下の鎧は見抜かれるもので、お客をなめてはいけない。おそらく、不振店の一〇〇％近くはこの思想が表面にはなくとも潜在的にはあるもので、それが敏感にお客に伝わっていることも知るべきだ。チェーンが隣に出現しようが、バイパスができて店前の通行量が激減しようが、変わらずに繁盛を続けている店も数限りなくあるわけで、その強烈な支持の根底にあるものが、「お客に喜ばれたい」と考える経営者のフィロソフィだといえる。

もちろん、慈善事業をやるわけではない。あくまでも店の経営が成り立つことが前提ではあるけれど、どうしてもこの経営的課題が最重要になってしまうところが陥りやすい隘路《あいろ》。繁盛店といわれる多くの店の出発点を見ると、ほとんどのケースで経営者自身が、**自分ならこうされたら喜ぶ**、という思想のもとに店作りをしている。お店の儲けは後回し、先にお客に喜んでもらうことで、後でお客が店を儲けさせてくれる。経営論としては先にお客に喜んでもらうなどとはチェーンは死んでもできない発想。経営論としては通用しないものだが、個人の飲食店経営にあっては成功のセオリーともいえる哲学なのだ。

お客に喜んでもらえるもっとも現実的な方法は商品による価値の提供だ。単純にいえばお客が支払う対価に対して、どれだけの実質的価値を与えているかという事実。経営的には商品の原価率の問題だ。お客にとってはもっともわかりやすい価値判断で、原価率が低ければお客の実質的満足感は薄れてしまう。そのぶんを、便利な立地条件や、おしゃれな店作り、丁寧な接客サービスなどの付加価値によって充足する手法はあるものの、やはりお客にとっては商品そのものの価値感が優先される。

一般の飲食店ならば普通は三〇〜三五％前後。外食チェーンでは二五％前後が標準的原価率といえる。この原価率の商品が標準だとすれば、もし五〇％もの原価率がかかっている商品ならば一体どのような印象と評価になるものか。その店の商品を知れば、たとえ同業者の店がどれほどあっても、頑《かたく》なにその店へ通うのがごく普通の人間の行動だ。

本書に登場するベルクはまさにその好例の店といえる。商品政策におけるベイシックな部分には経営者である井野氏自身の哲学が込められているといって良く、いずれの商品もきわめて強い**実質感とこだわり**がある。私のコンサルタント的発想からすればほとんどクレイジーというほかはない原価率がかけられているし、原材料の品質や味についても自分自身の感性と価値観にミートするものだけを厳しく吟味しているところは感心させられる。

ベルクの価格は安い。けれども安物を安く売っているのではない。良い物をできるだけ安く売る。必然的に商品の原価率は高くならざるをえないのだから、これで採算を取る方法はただ一つしかない。薄利多売だ。ただ、薄利多売というと、とかくスーパーや量販店の商品政策を想起しがちだが、ベルクの商品には「良い物」という冠がつくところが違う。

実際のところ、ベルクで売る商品は一般の飲食店のレベル以上のものが多いうえ、その大多数が優れて個性的な内容であることがお客を強く引きつけている要因だ。この店と似通った業態の店は雲霞《うんか》の如《ごと》くあるけれど、もし同等の価格ならば、この店の商品が品質と内容、実質で負けることはない。しかし、これだけ良い、強い商品を持っていても、前述の薄利多売を実現するためにはそれだけの集客条件が整っていなければ不可能だ。

幸にしてベルクの立地は超の字がつく一等地。一日中絶え間なく潤沢な通行客があり、ターミナルの利用客は日本一。この条件があればこそのビジネスモデルであり、ほかの立地では容易に成立しない面があるのは確か。逆にいえばこの条件を最大限に活かしていることも成功の大きな要因だ。一時は大手企業のファーストフードやさまざまな業態の飲食店との激しい競合もあったが、チェーン店であるが故の硬直化した融通の効かないビジネスを展開していたせいもあり、ベルクは終始優位に立っていた。時間毎に刻々と変わる客層とニーズに対して、きめ細かく、練りに練った商品を投入して行くことで、ほとんど全時間帯を、万遍なく稼ぎ切るという稀有な存在の繁盛店に成長を遂げたわけだ。

いま、長く続いた外食チェーン全盛期に明らかな停滞の兆しが現われている。画一化されたものに対するアンチテーゼなのか、より個性を主張し、お客のサイドに立った経営をする個人店に人気が集まっているのだ。ヒューマンビジネスとしての飲食業は個人店こそ強みを発揮できる。ベルクの例は個人店ビジネスの強さと存在価値を証明する格好のものといえそうだ。

（外食業コンサルタント）

文庫版解説　合理的商業とベルク

柄谷行人

私は新宿駅ビル内のカフェ、ベルクに時々立ち寄り、また送ってもらった会報を楽しんでいた（何とも不思議な漫画が印象に残っている）。副店長の迫川尚子さんが長年にわたって新宿周辺のホームレスを愛情深く撮影した写真集にも感銘を受けた。しかし、実は、本書を読むまで、店長井野朋也氏が、親から突然店を受けつぐことになり、以来悪戦苦闘してきたのだということを知らなかった。これは趣味の問題ではない。実際、本書はビジネス書として書かれたのだから、私もその話をしよう。

東京の街では、チェーン店や大型店舗が増えて、個人店や商店街がほぼ消滅した。街をそれぞれ特徴づけていたローカルな色や匂いが消えてしまった。また、飲食店なども、画一的で、しかも、素材が本当はどうなっているのかもわからない。このような光景は、一九九〇年以後、日本のどこでも見られる。商店街はそもそも文字通り「市場」なのだが、いわゆる「市場経済」（資本主義）によって解体されてしまった。それは「経済合理性」を至上として、個人商店やその連合体を破壊してしまったのである。

むろん、この問題は商店に限定されない。たとえば、農業を資本主義的に経営すると、どうなるか。大農場で飛行機で種を撒いたり、遺伝子的に改良した作物を工業的に生産することになる。それは一見、合理的に見えるが、土壌および人間を破壊するものであり、結局は、非合理的である。ゆえに、マルクスはこう述べた。《このことから学ぶべき教訓は、資本主義体制は合理的農業とは逆方向に進むものであり、合理的農業は資本主義体制とは両立不可能（たとえ資本主義体制が農業における技術発展を促進したとしても）である。合理的農業に必要なのは、自分自身のために畑を耕す小規模な農民または連合した生産者たちを管理していくことである》（『資本論』）。

つまり、「合理的農業」とは、小規模な農家ないし彼らが連合する形態なのだ。通常、社会主義的農業というと、旧ソ連の国営農場や集団農場のようなものになると考えられてきたが、それはマルクスを甚だしく誤解した一例である。

ここで農業のかわりに商店といいかえても同じことがいえる。資本主義的な商店、すなわち、チェーン店や大店は利潤率からみて合理的であろうが、飲食物や衣料その他の品質や個性を劣化させ、さらに、人と人のつながりを損なう点で、非合理的である。それに対して、「合理的商業」は個人店やその連合体（アソシエーション）のほうにある。東京新宿のど真ん中で、個人店を守り抜くために頑張ってきたベルクに、私は声援を送りたい。

（思想家）

漫画&コメント　ベルクのせいで

吉田戦車

代々木八幡や初台に住んでいた二〇代の頃、歌舞伎町に映画を観に行ったり、マイシティ（当時）の「いづみや」（現・トゥールズ）に画材を買いに行った時などによく寄ってました。今でも新宿で映画を観る前には「ベルクいっとくか」となります。

立ち食いそば好きなのですが、ベルクの向かいのそば屋さんにはまだ入ることができていません。ベルクがあるから。ベルクのせいで。

今後ともよろしくお願いします。

ベルクでカレー食うのが長年の目標なんだけど…
私
なかなかたのめなくて
ムリだよ〜〜〜！しょっちゅう行けるわけじゃないし パン系食べるよ〜
妻
だよねー
同じ理由で日本酒もたのめないよなー
ムリムリムリムリ！コーヒーかビールでしょ！
そんな我々が絶対たのめないだろうメニューがこれ
自然卵と五穀米の
卵かけご飯
¥220
大¥262
ベルク攻めすぎ

吉田戦車

若い時の自分が『絶対にバイトしたい店ベスト3』に軽くノミネート!

奈良美智（美術家）

ベルク通信

BERG!

thanks to:
ベルクのお客様　赤木智弘　赤旗　浅田晃弘　アサヒカメラ　朝日新聞
安藤礼二　飯沢耕太郎　伊賀大介　生田卍　池内紀　池上善彦　池田香代子
池田幸代　伊澤伸　泉麻人　板倉哲　市川真人　稲葉桂太　稲葉剛　岩崎梓
岩本茂之　氏原茂将　江島あゆみ　NHK　N. M　遠藤哲夫　大木晴子
大木雄高　大竹まこと　大谷伸彦　大野更紗　大八木恵子　大藪宏一
大山千恵子　押野見喜八郎　尾辻弥寿雄　小野淳　小野弘　恩田美代子
角田金光　風間直樹　片岡伸行　金瀬胖　金子貴一　カフェ＆レストラン
上村健太　川口葉子　川島浩之　河合正一　河内丸　川畑あずさ　神田元
木村衣有子　清野由美　久住昌之　窪木竜也　桑原弘之　月刊オルタ
現代写真研究所　原爆の図丸木美術館　小飼弾　五所純子　サイゾー
坂口恭平　笹井清範　佐々木有美　佐高信　佐藤修悦　JR ウォッチ
自然と人間　嶋田淑之　週刊朝日　週刊アスキー　週刊金曜日　商業界
新宿書房　新宿民主商工会　すえきち　絓秀実　スズキコージ　鈴木一誌
鈴木琢磨　スペースシャワーネットワーク　仙川環　全国商工新聞
高橋よしあき　武井宏之　武盾一郎　田島征三　田島燃　ダンボール研究会
千葉雅也　土屋正紀　TBS　寺島令子　土井英司　東京新聞
東京多摩借地借家人組合　土岐小百合　冨田きよむ　富永剛総　豊田剛
永江朗　中島薫　中島一夫　中島孝志　中野の小さな駅前食堂カフェ・カルマ
中原昌也　仲俣暁生　中村智志　中村てつじ　中村のりこ　中村正義の美術館
中森明夫　日経ビジネス　西世賢寿　二宮大輔　荷宮和子　BirdPress
長谷川裕　畠山志穂　英伸三　原島康晴　繁華亭　阪野悦子　東直彦
ビッグイシュー　ビデオプレス　平井玄　平早勉　藤井智美　藤原ヒロユキ
FLASH　古川琢也　細野秀太郎　ポレポレ坐　毎日新聞　牧瀬茜　松原明
丸二祐亮　丸山伊太朗　ミーツ・リージョナル　宮野晋　村山恒夫　明珍美紀
毛利嘉孝　模索舎　森山大道　森谷由美子　山下年次　山下陽光　山田竜也
横川潤　吉田類　早稲田文学編集室　和田裕助　連合通信社　早稲田文学
ミクシィ「BERG 大好き!」コミュ　LOVE！BERG！の皆様
署名していただいた皆様　メールくださった皆様
ベルクで作品を飾ってくださった皆様　取材してくださった皆様
ベルクの職人たち　ベルクの業者さんたち　ベルクのスタッフたち、
そしてこの本を読んでくださった貴方に。

本書は、二〇〇八年七月、スペースシャワーネットワーク（旧ブルース・インターアクションズ）より刊行された単行本に加筆したものです。

新版 思考の整理学　外山滋比古

「東大・京大で1番読まれた本」で知られる〈知のバイブル〉の増補改訂版。2009年の東京大学での講義を新収録し読みやすい活字になりました。

質問力　齋藤孝

コミュニケーション上達の秘訣は質問力にあり！　これさえ磨けば、初対面の人からも深い話が引き出せる。話題の本の、待望の文庫化。（斎藤兆史）

整体入門　野口晴哉

日本の東洋医学を代表する著者による初心者向け野口整体のポイント。体の偏りを正す基本の「活元運動」から目的別の運動まで。（伊藤桂一）

命売ります　三島由紀夫

自殺に失敗し、「命売ります。お好きな目的にお使い下さい」という突飛な広告を出した男のもとに、現われたのは？（種村季弘）

こちらあみ子　今村夏子

あみ子の純粋な行動が周囲の人々を否応なく変えていく。第26回太宰治賞、第24回三島由紀夫賞受賞作。書き下ろし「チズさん」収録。（町田康／穂村弘）

ベルリンは晴れているか　深緑野分

終戦直後のベルリンで恩人の不審死を知ったアウグステは彼の甥に訃報を届けに陽気な泥棒と旅立つ。歴史ミステリの傑作が遂に文庫化！（酒寄進一）

向田邦子ベスト・エッセイ　向田邦子　向田和子編

いまも人々に読み継がれている向田邦子。その随筆の中から、家族、食、生き物、こだわりの品、旅、仕事、私……、といったテーマで選ぶ。（角田光代）

倚りかからず　茨木のり子

もはや／いかなる権威にも倚りかかりたくはない……話題の単行本に3篇の詩を加え、高瀬省三氏の絵を添えて贈る決定版詩集。（山根基世）

るきさん　高野文子

のんびりしていてマイペース、だけどどっかヘンテコな、るきさんの日常生活って？　独特な色使いが光るオールカラー。ポケットに一冊どうぞ。

劇画 ヒットラー　水木しげる

ドイツ民衆を熱狂させた独裁者アドルフ・ヒットラーとはどんな人間だったのか。ヒットラー誕生からその死まで、骨太な筆致で描く伝記漫画。

かかわり方のまなび方　西村佳哲

「仕事」の先には必ず人が居る。自分を人を十全に活かすこと。それが「いい仕事」につながる。その方策を探った働き方研究第三弾。（向谷地生良）

人生をいじくり回してはいけない　水木しげる

水木サンが見たこの世の地獄と天国。人生、自然の流れに身を委ね、のんびり暮らそうというエッセイ。（大泉実成）
推薦文＝外山滋比古、中川翔子

「ひきこもり」救出マニュアル〈実践編〉　斎藤環

「ひきこもり」治療に詳しい著者が、具体的な疑問に答えた、本当に役に立つ処方箋。理論編に続く、実践編。参考文献、「文庫版　補足と解説」を付す。

ひきこもりはなぜ「治る」のか？　斎藤環

「ひきこもり」研究の第一人者の著者が、ラカン、コフート等の精神分析理論でひきこもる人の精神病理を読み解き、家族の対応法を解説する。（井出草平）

人は変われる　高橋和巳

人は大人になった後でこそ、自分を変えられる。多くの事例をあげ「運命を変えて、どう生きるか」を考察した名著、待望の文庫化。（中江有里）

消えたい　高橋和巳

自殺欲求を「消えたい」と表現する、親から虐待された人々。彼らの育ち方、その後の人生、苦しみを丁寧にたどり、人間の幸せの意味を考える。（橋本治）

家族を亡くしたあなたに　キャサリン・M・サンダーズ　白根美保子訳

家族や大切な人を失ったあとには深い悲しみが長く続く。悲しみのプロセスを理解し乗り越えるための、思いやりにあふれたアドバイス。（中下大樹）

加害者は変われるか？　信田さよ子

家庭という密室で、DVや虐待は起きる。「普通の人」がなぜ？　加害者を正面から見つめ分析し、再発を防ぐ考察につなげた、初めての本。（牟田和恵）

パーソナリティ障害がわかる本　岡田尊司

性格は変えられる。「パーソナリティ障害」を「個性」に変えるために、本人や周囲の人がどう対応し、どう工夫したらよいかがわかる。（山登敬之）

生きるかなしみ　山田太一編

人は誰でも心の底に、様々なかなしみを抱きながら生きている。「生きるかなしみ」と真摯に直面し、人生の幅と厚みを増した先人達の諸相を読む。

品切れの際はご容赦ください

ちくま文庫

新宿駅最後《しんじゅくえきさいご》の小《ちい》さなお店《みせ》ベルク
——個人店《こじんてん》が生《い》き残《のこ》るには？

二〇一四年十二月　十　日　第一刷発行
二〇二四年　十　月二十五日　第四刷発行

著　者　井野朋也（いの・ともや）
発行者　増田健史
発行所　株式会社　筑摩書房
東京都台東区蔵前二―五―三　〒一一一―八七五五
電話番号　〇三―五六八七―二六〇一（代表）
装幀者　安野光雅
印刷所　信毎書籍印刷株式会社
製本所　株式会社積信堂

ISBN978-4-480-43223-9　C0195